Allertz · Im Visier die DDR

Robert Allertz

Im Visier die DDR
Eine Chronik

edition ost

Für Zuarbeit, Anregung und fachliche Beratung
danken Autor und Verlag:
Günter Herlt
Klaus Huhn
Norbert Podewin
Siegfried Wenzel
Wolfgang Wünsche

Wenn wir sehen, daß Deutschland siegt, sollten wir Rußland helfen, und wenn wir sehen, daß Rußland siegt, sollten wir Deutschland helfen und ihm auf diese Weise gestatten, so viele wie möglich umzubringen, wenn ich auch unter keinen Umständen einen Sieg Hitlers erleben möchte.
                                      Harry S. Truman, 1941

VORBEMERKUNG
Die DDR muß weg

Wo liegen die Anfänge der Deutschen Demokratischen Republik?
Die DDR selbst sah die Wurzeln mindestens in der frühbürgerlichen Revolution zu Beginn des 16. Jahrhunderts, als die niederen Stände, allen voran die auf dem Lande, sich gegen die feudalen Verhältnisse auflehnten. Vom Schlachtenberg bei Frankenhausen zog sich der rote Faden der Geschichte über die Berliner Barrikaden im März 1848 bis hin zur Novemberrevolution 1918. Symbolisch wie kaum ein anderer Vorgang: Der Balkon am Berliner Schloß, von dem Karl Liebknecht damals die freie sozialistische Republik Deutschland ausrief, fand seinen Platz in dem neuen Staatsratsgebäude – das Schloß hingegen jagte man in die Luft. Von 1918 spannte sich der revolutionäre Bogen über weitere Stationen bis hin zum 7. Oktober 1949, als sich die DDR konstituierte. Nach eigenem Verständnis fand dort die Geschichte ihr Ziel, das jahrhundertelange Streben fortschrittlicher Deutscher nach einem gerechten, demokratischen Staat gleichsam seine Vollendung.
Zur Geschichte gehört aber auch ein Tausendjähriges Reich. Ohne den 30. Januar 1933 kein 7. Oktober 1949. Die Nazidiktatur war objektiv Geburtshelfer. Ohne die

Faschisten hätte es nicht den systematischen Völkermord gegeben und keine Antihitlerkoalition, die dieses Deutsche Reich militärisch zerschlagen mußte, um Frieden zu stiften. Ohne die bedingungslose Kapitulation des Hitlerstaates kein Potsdamer Abkommen und die Aufteilung des Landes in Besatzungszonen. Ohne den Antikommunismus im Westen und die Großmachtinteressen der Sowjetunion kein nachfolgender Kalter Krieg. Und ohne Kalten Krieg keine Teilung Deutschlands.

Die Bundesrepublik Deutschland und die Deutsche Demokratische Republik waren Kinder des Kalten Krieges – der westdeutsche Separatstaat („Lieber das halbe Deutschland ganz als das ganze Deutschland halb") mehr noch als die ostdeutsche Republik, die nicht nur *nach* der Bonner Republik gegründet wurde, sondern auch die Option auf ein gemeinsames Haus länger offenhielt als ihr Pendant: Eine Zeile ihrer Nationalhymne lautete nicht grundlos „Deutschland, einig Vaterland". Erst in den 70er Jahren setzte man auf Abgrenzung; aus dem *sozialistischen Staat deutscher Nation* der Verfassung von 1968 wurde in dem 1976 auf dem IX. Parteitag beschlossenen SED-Programm eine *sozialistische deutsche Nation der DDR*. Die Nationalhymne mit jener Zeile wurde nicht mehr gesungen, sondern nur noch intoniert.

Doch seit ihrer Gründung wollte man im Westen die DDR weghaben – weil wir uns ihnen weggenommen hatten, wie es der Schriftsteller Hermann Kant einmal formulierte. 108 000 deutsche Quadratkilometer waren dem unmittelbaren Einfluß der in Deutschland seit Jahrhunderten herrschenden Kreise entzogen. Am Harz endete nunmehr die Möglichkeit, die räuberischen Gesetze des Marktes und die daraus diktierten politischen Intentionen durchzusetzen. Die ostelbischen Junker hatten ihre Ländereien verloren, die Adligen ihre riesigen Wälder, die Konzerne ihre Betriebe. Darum unternahmen sie alle Anstrengungen, die durch den Gang der Geschichte im Osten entstandenen Verhältnisse zu korrigieren. Das Spektrum der Bemühungen war beachtlich. Es reichte von Ignoranz, indem man diesen Staat nicht zur Kenntnis nahm, bis hin zum Lächerlich-

machen. Das Kürzel DDR wurde in den Zeitungen des Springer-Verlages bis in die 80er Jahre nur mit Anführungszeichen verwandt und mit dem Zusatz „sogenannte" versehen. Man bediente sich des außenpolitischen Drucks (Hallstein-Doktrin), der Erpressung und der politischen Einmischung. Es gab Subversion und Sabotage. Erst zu Beginn der 70er Jahre begann man sich auch in Bonn auf die Verhältnisse einzulassen und den Status quo zu akzeptieren. Das war im wesentlichen der Tatsache geschuldet, daß die beiden Groß- und Führungsmächte das atomare Patt konstatierten, das zwischen ihnen nunmehr herrschte. In Washington wie in Moskau sahen die Strategen ein, daß man den anderen militärisch nicht in die Knie zwingen könnte. Breshnew brachte es mit der Bemerkung auf den Punkt: Wer als erster schießt, stirbt als zweiter.
Die Verhältnisse zu akzeptieren bedeutete jedoch keineswegs, sich mit ihnen abzufinden. Der Drang der herrschenden Kreise in der Bundesrepublik nach politischer Beseitigung der DDR, d. h. nach Wiederherstellung der einstigen Besitzverhältnisse, existierte fort. Und er gründete nicht nur auf dem Wissen, daß Markt und Einfluß verlorengegangen waren, sondern auch auf der Tatsache, daß dieses „andere Deutschland" in der Welt zunehmend auch so wahrgenommen wurde. Diese DDR war nicht nur irgendwie *anders*, sondern in vielen gesellschaftlichen Bereichen auch tatsächlich *besser*. Etwa in der Sozialpolitik, beim Arbeitsrecht, in Bildung und Erziehung, bei der Gleichberechtigung der Geschlechter, in der medizinischen Grundversorgung ... Das hatte Folgen auch für die Bundesrepublik. Sie mußte darauf reagieren.
Daß die DDR in vielen Bereichen, namentlich bei den bürgerlichen Freiheiten und demokratischen Grundrechten, erkennbare Defizite aufwies, steht auf einem anderen Blatt. Und auch, daß sie im sozialen Bereich über ihre Verhältnisse lebte.
Aber nicht ihre Defizite waren der Anlaß, gegen die DDR einen politischen Kreuzzug führen, sondern ihre Stärken! Die Defizite lieferten allenfalls den propagandistischen Nebel, den man auf das mediale Schlachtfeld des Kalten

Krieges blies, um zu begründen, warum man die Ostdeutschen „befreien" müsse.

Die Defizite sind es auch, die man besonders nach dem Untergang der DDR herauszustellen nicht müde wird. In Ermangelung von Leichenbergen erfand man das „Auschwitz der Seelen".

Die DDR war ihnen ein Dorn im Auge. Dort war nicht mehr das Grundbuch die Heilige Schrift, es galten andere Maßstäbe. Die Produktion orientierte sich nicht am Profit, sondern an der Befriedigung der Bedürfnisse. Daß dies alles nicht so aufging wie gedacht, daß der Dogmatismus mindestens so groß war wie der Idealismus, wissen wir selbst am besten. Die positive Feststellung, daß die DDR eine Republik der kleinen Leute gewesen ist, hat einen doppelten Boden: Sie war auch ein Staat von Kleinbürgern, deren einige so sein wollten wie die Bourgeoisie. Statt sich von ihr zu unterscheiden, äffte man sie nach. In dieser Hinsicht mußten wir verlieren, da unsere Decke zu kurz war. Wir hätten uns nach unserer eigenen, nicht nach der fremden Decke strecken müssen.

Fakt aber ist, daß die Gegenseite alles unternahm, damit es zu keinem fairen Wettstreit der Systeme kam. Der „Gegner" war auch tatsächlich einer. Er hat nichts unversucht gelassen, dieser DDR das Licht auszublasen. Und hierzulande bliesen einige mit. Nicht immer mit Vorsatz. Aber das ist unerheblich, wenn die Kerze erst einmal aus ist.

Wer und was am vorzeitigen Tod der DDR ursächlich Mitschuld trägt, soll mit diesem Buch chronologisch dokumentiert werden. Die Liste ist keineswegs vollständig, dazu wäre sie einfach zu lang. Aber sie beugt dem unverändert kolportierten Irrtum vor: Im Westen gingen ausschließlich unschuldige Demokraten ihrem friedlichen Tagwerk nach und wehrten sich allenfalls, wenn ihnen „das Böse" aus dem Osten an die weiße Wäsche wollte.

Frank Schumann
Verleger

12. MAI 1945
   "Die falsche Sau geschlachtet" (Churchill)
   Telegramm des britischen Premierministers Winston Churchill an den amerikanischen Präsidenten Harry Truman: "Die Lage in Europa bereitet mir allergrößte Sorge. Ein Eiserner Vorhang hat sich niedergesenkt. Es scheint durchaus wahrscheinlich, daß das gesamte Gebiet östlich der Linie Lübeck – Triest – Korfu bald völlig in die Hände der Russen übergeht."

ERSTES HALBJAHR 1945
   Die brutale ökonomische Diversion beginnt lange vor Gründung der DDR
   R. Karlsch schreibt in seiner fundierten Arbeit "Allein bezahlt?" 1993: "Nicht nur die sowjetischen Truppen waren auf Kriegsbeute aus. Auch britische und amerikanische Einheiten haben sich bedient. (...) Die bis Ende Juni von amerikanischen und britischen Truppen besetzt gehaltenen Teile Mecklenburgs, Thüringens, Sachsens und Sachsen-Anhalts wurden von Spezialeinheiten durchstreift, die den Auftrag hatten, militärisch und industriell besonders wichtige Güter zu beschlagnahmen. (...) Die Beutezüge der Westalliierten konzentrierten sich auf bekannte Firmen und Institute. Entnommen wurden wertvolle Roh- und Hilfsstoffe, Maschinen und Einrichtungen. (...) Der Wert einiger der erbeuteten wissenschaftlichen Forschungsergebnisse ist kaum zu beziffern. Vielfach handelte es sich um Unikate. Eine genaue Übersicht über die amerikanischen Beuteentnahmen existiert nicht. (...)
   Offenbar waren das Zeisswerk in Jena und die Werke der IG-Farbenindustrie AG am schwersten von den Beuteentnahmen betroffen. Der Wert der aus dem Zeisswerk entnommenen Konstruktionsunterlagen, Objektivsammlungen, Zeichnungen und Spezialmaschinen belief sich laut ausgestelltem Requisitionsschein auf 18,5 Millionen Reichsmark. Um ein Vielfaches höher ist der Wert der ebenfalls erbeuteten Patentschriften anzusetzen.
   Als Kriegsbeute betrachtete das amerikanische Militär auch die von ihm aufgespürte Radiumreserve des Deut-

schen Reiches. (...) Sondereinheiten der US-Truppen erzwangen am 26. Juni 1945 die Übergabe der Radiumreserve (21,8 Gramm). Ihr Wert wurde mit drei Millionen Dollar veranschlagt. Außerdem wurden aus der Physikalisch-technischen Reichsanstalt Weida und ihren Zweigstellen in Ronneburg und Zeulenroda wissenschaftliche Geräte und Bücher mitgenommen. Deren Wert war nicht genau zu ermessen. Der eigentliche Schaden bestand darin, daß in der SBZ keine anderen vergleichbaren Geräte vorhanden waren.
In der Agfa-Filmfabrik Wolfen beschlagnahmten amerikanische Einheiten das für die Filmproduktion unentbehrliche Silbernitrat und wichtige Spezialeinrichtungen. Der Wert der entnommenen Güter wurde mit fast acht Millionen RM angegeben. Ähnliches ist auch von den anderen IG-Farben-Werken zu berichten. (...) Folgenreicher als die Einzelmaßnahmen waren andere Maßnahmen der US-Verwaltungen. Insbesondere die groß angelegte Mitnahme von Lokomotiven und Waggons beeinträchtigte die Entwicklung des Transportwesens in der SBZ. Beispielsweise verlor allein die Reichsbahndirektion Erfurt vom Ende der Kämpfe bis zur Räumung über 200 Lokomotiven, das waren mehr als ein Drittel des Bestandes."
In der britischen Sonntagszeitung „Reynolds News" vom 20. April 1947 berichtete der Journalist Gordon Schaffer: „In Leuna und Buna, den großen Werken in Mitteldeutschland, die einmal Hitler mit synthetischem Öl und Gummi versorgten, befand sich der Sitz des Weltreiches der IG-Farben. (...) Die Amerikaner übernahmen als erste dieses Gebiet, aber Ende Juni 1945 zogen sie sich zurück (...) Während sie sich auf die Abreise vorbereiteten, wurden führende Wissenschaftler der Buna- und Leuna-Werke und einer anderen Fabrik in Böhlen bei Leipzig zu dem amerikanischen Kommandeur gerufen. Er erklärte ihnen: ‚Auf Anordnung der amerikanischen Regierung werden Sie morgen abreisen.' Es wurde den Wissenschaftlern mitgeteilt, daß sie ihre Familien mitnehmen könnten, aber als Gepäck seien nur zwei Koffer zugelassen. Die Amerikaner rückten ab und führten auf Lastwagen die Spezialisten –

zusammen 200 Personen – mit sich. (...)" In Jena stellte er fest, „daß der Betriebsrat der Zeisswerke Verbindung mit Spezialisten dieser Fabrik hat, die von den Amerikanern abtransportiert und in der kleinen Stadt Heidenheim in der amerikanischen Besatzungszone angesiedelt wurden. (...) Die Amerikaner nahmen Patente und alles zur Verfügung stehende technische Material mit sich und beabsichtigten nach einer im Thüringer Landtag abgegebenen Erklärung offensichtlich einen Zeisskonkurrenzbetrieb in Oberkochen zu eröffnen. (...) Auch die Universität Jena kämpft darum, eine Anzahl ihrer Professoren zurückzuerhalten, die sich ebenfalls in Heidenheim befinden. 24 Professoren wurden mit Bibliotheken und anderen wissenschaftlichen Einrichtungen von Jena abtransportiert."

Das Mitglied des Vereins „Sachzeugen der chemischen Industrie e. V. Merseburg", Heinz Rehmann, dokumentierte: „Die US-Armee, die am 14./15 April 1945 unser Gebiet besetzte, hatte es sehr eilig, aus dem Leuna- und Bunawerk u.a. wertvolle Rohstoffe, Patente und Verfahrensbeschreibungen abzutransportieren. Allein aus dem Buna-Werk Schkopau waren das 40 kg Platin, 1400 t Synthesekautschuk und 20 LKW voll technischer Dokumentationen. Als sie sich im Juni 1945 zurückzog, nahm sie am 22. Juni aus Leuna 27 und aus Schkopau 25 der führenden Chemiker und Ingenieure einschließlich ihrer Familien mit in ihre Besatzungszone und internierte sie in Rosenthal/Hessen. Die gesamte hochqualifizierte Führungsschicht fehlte in Zukunft."

10. APRIL 1946
Ostbüro der SPD nimmt als „Agentenschuppen" seine Tätigkeit auf

Beim Landesvorstand in (West-)Berlin und dann auch beim Parteivorstand der SPD in Hannover werden sogenannte Ostbüros der SPD gebildet. Beide Einrichtungen firmieren zunächst als „Flüchtlingsbetreuungsstelle Ost". Das Berliner Ostbüro wird dem Ostbüro beim Parteivorstand unterstellt. Beim Ostbüro der SPD handelte es sich um eine Gründung des englischen Geheimdienstes – in Kooperation mit dem amerikanischen Geheimdienst. Die Leiter des Ostbüros Siegmund Neumann (bis 1948) und Stephan Grzeskowiak alias Stephan Thomas waren englische Agenten. Die Finanzierung des Ostbüros erfolgte zunächst aus geheimdienstlichen Quellen, später zunehmend auch durch staatliche Förderung.

Kurt Schumacher erklärt am 10. April 1946, wenige Tage vor der Bildung der SED, auf einer Beratung der leitenden Funktionäre der Berliner SPD-Organisation zu den Aufgaben des Ostbüros: „Es hat sich die Notwendigkeit ergeben, daß wir in der SBZ eine weitverzweigte illegale Organisation schaffen müssen, die streng zentralisiert sein muß. Diese Organisation muß ihre Vertreter in allen Ortsgruppen von unten bis zu den Landesvorständen der SED haben. In allen Verwaltungen, Betrieben, Gewerkschaften und anderen Organisationen müssen von uns Leute vertreten sein. Wir müssen über alle politischen, ökonomischen und kulturellen Ereignisse in der sowjetischen Besatzungszone Nachrichten haben. Dieses Material wird den westlichen Besatzungsmächten übergeben."

Der amerikanische Geheimdienstoffizier Oberstleutnant Sylver ergänzt bei dem Bankett aus Anlaß dieser Beratung: „Die SPD-Funktionäre müssen die Ereignisse und Begebenheiten mit offenen Augen betrachten (...) Sehr wichtig ist es für uns, die Standorte der sowjetischen Militäreinheiten und Behörden der SMA, Truppengattungen und Stärke der Truppenteile zu erfahren sowie Feldpostnummern u.a. Dieses ganze Material muß von sehr zuverlässigen Funktionären gesammelt werden. Wir müssen über die Tätigkeit der Werke Nachrichten haben und wissen, was hergestellt und wohin die Produktion geliefert wird (...) Die finanzielle Frage dieser Organisation wird von uns geregelt werden."

Auch der letzte Leiter des Ostbüros der SPD, Helmut Bärwald, bemüht sich in einer 1991 veröffentlichten Schrift darum, das Ostbüro der SPD – Herbert Wehner hatte es einst als „Agentenschuppen" bezeichnet – vom Makel einer Agenten- und Spionagezentrale zu befreien. Allerdings muß auch er einräumen: „Das Ostbüro der SPD hat wie mit anderen staatlichen Stellen, mit Forschungsinstituten und dergleichen auch mit Geheimdiensten des eigenen Landes, vor allem im Bereich von Informationsbeschaffung und Informationsaustausch sowie Auswertung zusammengearbeitet und auch an der Anfertigung von Analysen mitgewirkt (...) Auch Geheimdienste aus anderen NATO-Staaten unterhielten gute Beziehungen zum Ostbüro, dessen Archiv und dessen sachkundige und informative Expertisen über die SBZ/DDR, über die Entwicklung des internationalen Kommunismus und über kommunistische ‚Westarbeit' seit 1946 auch im Ausland sehr geschätzt waren."

Agenten des Ostbüros der SPD berichten über Flugplätze, Kasernen und Militärtransporte, speziell der sowjetischen Streitkräfte, und registrieren Kennzeichen von Militärfahrzeugen. Sie liefern Charakteristiken von Staats- und SED-Funktionären und sabotieren die Wirtschaft der SBZ/DDR. Wie der „Spiegel" 1966 bestätigt, leitet beispielsweise das Ostbüro der SPD 1950 mittels gefälschter Begleitpapiere für die Leipziger Bevölkerung bestimmte Lieferungen von Butter aus der VR Polen nach Rostock, wo diese infolge zu langer Lagerung verdirbt. Im Winter des gleichen Jahres erfrieren Kartoffeln auf Abstellgleisen der Reichsbahn, die ebenfalls vom Ostbüro der SPD in die Irre dirigiert worden sind.

Prozesse, die 1951/52 gegen Mitarbeiter des SPD-Ostbüros geführt werden, bestätigen, daß das Ostbüro zunehmend unter Handwerkern und Gewerbetreibenden der DDR aktiv wird. Die Propaganda richtet sich gegen die DDR als Ganzes. Beliebte Methode sind Ballonaktionen.

Im Zuge einer Amnestie werden im Mai/Juni 1956 zahlreiche von sowjetischen Militärtribunalen und von DDR-Gerichten verurteilte Personen, darunter 691, die der westdeutschen Sozialdemokratie angehört hatten oder angaben, ihr anzugehören, aus der Haft entlassen. Nach einer Mitteilung des Presseamtes beim Ministerpräsidenten der DDR vom 21. Juni 1956 sind die genannten 691 Personen „wegen krimineller Vergehen, die sie im Auftrag des mit den imperialistischen Spionagezentralen verbundenen Ostbüros (...) begangen haben", verurteilt worden.

In der zweiten Hälfte der 50er Jahre werden in einer Aktion etwa 30 Spione des Ostbüros der SPD ermittelt und festgenommen. Diese Festnahmen beruhen maßgeblich auf Informationen eines Kundschafters der sowjetischen Sicherheitsorgane im englischen Geheimdienst, der bei Bedarf über das Agentennetz des Ostbüros der SPD verfügt.

„Der Spiegel" definiert das Ostbüro am 7. April 1969 als „eine Nachrichtenbeschaffungsstelle, die vor allem im Westberliner Agentendschungel des Kalten Krieges eine dominierende Rolle spielte". Er bucht dies unter „SPD-Spionageaktivitäten im Kalten Krieg" ab und berichtet über „Tausende von Agenten eines ‚Ostbüros' der westdeutschen SPD, finanziert mit Steuergeldern und ausgerüstet mit Geheimtinte und Minikameras".

Ostbüroagenten beschaffen Sitzungsberichte des Zentralkomitees der SED, Details über den Aufbau der Polizei, Baupläne von Gefängnissen oder Angaben zu Standorten der Roten Armee und erhalten von den britischen Streitkräften Ausforschungsaufträge zu Wirtschafts- und Militärfragen. Das SPD-Ostbüro sammelt Informationen über drei Millionen DDR-Bürger, um nach einer Wiedervereinigung ein „besseres Nürnberg" zu ermöglichen, infiltriert, von staatlichen Stellen geduldet oder gefördert, im Rahmen seiner Inlandsaufklärung „politische Extremistengruppen" (gemeint war damit u.a. die KPD), schickt Kuriere und V-Leute in den illegalen Propagandakampf gegen das Ulbricht-Regime etc. Es arbeitet „im konspirativen Bereich stark mit den deutschen und westlichen Geheimdiensten zusammen". Das Ostbüro fälscht Dokumente, darunter Ausweise des Schweizer Roten Kreuzes. Seine hauptamtlichen Mitarbeiter sind bewaffnet. „Der frühere V-Mann Heinz Richter schätzte, daß insgesamt 800 Menschen aufgrund der vom Westen organisierten Nachrichtenbeschaffung wegen Spionage verurteilt worden sind". (Alle Zitate aus dem „Spiegel" vom 18. Juni 1990)

Die Ostbüros der CDU und FDP erreichen mit ihren subversiven Aktivitäten bei weitem nicht Umfang und Intensität des Ostbüros der SPD und sind zudem stärker auf die CDU bzw. LDPD in der SBZ/DDR fixiert.

Sie sind jedoch ebenfalls als Spionageorganisationen aktiv. Ende 1952 werden 40 Bürgermeister, Stadträte, Behördenangestellte und Lehrer in Thüringen verhaftet, die eine gegen die Berliner Parteizentrale gerichtete illegale CDU-Führung gebildet und CDU-Mitglieder zur Sammlung politischer und wirtschaftlicher Informationen aufgefordert haben.

1952/53 führen die Mitarbeiter des Ostbüros der CDU und des amerikanischen Geheimdienstes CIC, Gerulf R. und Johanna H., mehrere Mitarbeiter aus zentralen Regierungsstellen der DDR dem amerikanischen Geheimdienst zur Anwerbung zu.

Über die subversive Tätigkeit des Ostbüros der FDP berichtet ein in die DDR übergetretener FDP-Funktionär 1955 in einem Rundfunk-Interview: „Die FDP-Agenten in Meißen trieben vorzüglich Militärspionage. Ich war dabei, als ihnen Porzig, der Spionagechef des Berliner Ostbüros, Aufträge zur Feststellung von Unterkünften der sowjetischen Besatzungstruppen erteilte, weiter zur Ermittlung von Kraftfahrzeugnummern und -typen, Bewaffnung und dergleichen mehr. Darüber hinaus treibt das Ostbüro der FDP eine rege politische Spionage gegen die LDPD und die SED, und weiter organisiert es auch Sabotageaktionen."

JULI 1946

„Organisation Gehlen" konstituiert sich

Generalmajor Reinhard Gehlen (einst Geheimdienstchef „Fremde Heere Ost", der letztmals am 9. Januar 1945 beim Führer zum Vortrag war) kehrt aus den USA nach Deutschland zurück. Zunächst in Oberursel im Taunus, dann in München-Pullach baut er die „Organisation Gehlen" auf, die der CIA untersteht. Ihre Filialen befinden sich zunächst nur in der amerikanischen Besatzungszone bzw. im amerikanischen Sektor in Berlin.

Zum Personal: Von 62 leitenden Mitarbeitern des 1950 gebildeten Verfassungsschutzes, der „Organisation Gehlen" (die 1955 von der Bundesregierung übernommen und seit 1956 als Bundesnachrichtendienst [BND] firmiert) und des Militärischen Abschirmdienstes (MAD) kommen sechs aus dem Reichssicherheitshauptamt (u.a. aus dem berüchtigten Wannsee-Institut) und aus der Gestapo. Drei sind im faschistischen Justizdienst, darunter im NS-Justizministerium tätig gewesen, 16 hatten leitende Funktionen bei der SS – vom Hauptsturmführer bis zum Standartenführer – und bei der SA. Viele in den Führungen dieser westdeutschen Geheimdienste dienten zuvor als Generale und ranghohe Stabsoffiziere in faschistischen Geheimdienstzentralen, etwa im Oberkommando der Wehrmacht (OKW) – Amt Ausland/Abwehr – und im Oberkommando des Heeres (OKH) – Abteilung „Fremde Heere Ost" (FHO), dem Vorläufer der „Organisation Gehlen". Nicht wenige hatten als Offiziere aktiven Kriegsdienst geleistet oder bei der Geheimen Feldpolizei gedient.

12. MÄRZ 1947
US-Präsident gräbt das Kriegsbeil aus

Vor dem US-Kongreß formuliert Präsident Truman die *Politik der Stärke* gegenüber der Sowjetunion (Truman-Doktrin). Sie steht am Beginn der Herausbildung zweier politischer Lager, also der bipolaren Welt, die bis zu Beginn der 90er Jahre die Weltpolitik bestimmen sollte. Zwischen ihnen tobt in Phasen unterschiedlicher Intensität fortgesetzt Kalter Krieg. Der Platz der Bundesrepublik und der DDR ist genau bestimmt: „Das Zentrum des Kalten Krieges ist Europa. Das Zentrum von Europa ist Deutschland. Das Zentrum von Deutschland ist Berlin." (John Lukacz in seinem Buch: „Eine Geschichte des Kalten Krieges")

15.-7. JUNI 1947
Eklat und letztes Treffen ost- und westdeutscher Regierungschefs für 23 Jahre

Auf der Konferenz der Ministerpräsidenten aller deutschen Länder in München sollen neben drängenden wirtschaftlichen Fragen auch politische Themen erläutert werden. Einige westdeutsche Ministerpräsidenten und SPD-Chef Kurt Schumacher lehnen ab und weigern sich, über die deutsche Einheit zu sprechen. Die ostdeutschen Ministerpräsidenten reisen ab.

22. AUGUST 1947
Adenauer nimmt Kurs auf deutsche Teilung
Erik Reger, Herausgeber des Berliner „Tagesspiegels", erklärt in seinem Blatt: „Die Ostzone soll nicht etwa ‚abgeschrieben', sondern auf friedlichem Wege ‚erobert' werden." Reger scheint von der Überzeugung durchdrungen, auf diesen „Tag X" nicht lange warten zu müssen.
In diesem Punkte denkt Konrad Adenauer, für den die Wiederherstellung der deutschen Einheit *keine* Priorität besitzt, ganz anders. Vor CDU-Funktionären äußert er sich im Sommer 1948 sehr pessimistisch: „Wenn nichts Unerwartetes geschieht, werden wir noch sehr lange darauf warten müssen, bis der Osten wieder mit dem Westen politisch und staatspolitisch vereint ist. Wir können unmöglich mit unserer politischen Organisation im Westen warten, bis dieses Ereignis zu einem Zeitpunkt, den wir nicht einschätzen können, eintreten wird."
Konrad Adenauer setzt vor das Rollback die Befestigung der eigenen Macht. Die deutsche Teilung wird sein Programm.

6.-8. SEPTEMBER 1947
CDU als „Wellenbrecher des dogmatischen Marxismus" (Jakob Kaiser)
Auf dem 2. Parteitag der CDU in Berlin fordert der Vorsitzende der CDU, Jakob Kaiser, eine „veränderte Ordnung der Ostzone", spricht sich für eine Revision der Oder-Neiße-Grenze und gegen Reparationszahlungen aus der laufenden Produktion aus.

FEBRUAR 1948
Entwicklung der Bizone zu westdeutschem Separatstaat
Amerikaner drohen: keine Marshallplanhilfe für Frankreich, wenn französisch besetzte Gebiete sich nicht der Bizone anschließen. Schaffung eines Länderrates und eines Verwaltungsrates, Gründung eines Obergerichts in Köln und am 1. März der Bank Deutscher Länder.

1948

FEBRUAR 1948
„Kampfgruppe gegen Unmenschlichkeit" soll dafür sorgen, daß es in der Zone bumst

Ein Agent der Amerikaner, ein Schwabe namens Rainer Hildebrandt, etabliert in seiner Wohnung in der Berliner Höhmannstraße einen „Suchdienst". Inspirator, Organisator und Finanzier dieses „Suchdienstes", der sich bald zu einer klassischen Terrororganisation entwickeln sollte, ist der Leiter der Region VIII des amerikanischen militärischen Geheimdienstes *Counter Intelligence Corps* (CIC), Severin F. Wallach. Dieser gibt die Losung aus: „In der Zone muß es bumsen, bumsen!"

Ende November wird der „Suchdienst" in „Kampfgruppe gegen Unmenschlichkeit" (KgU) umbenannt. Am 1. August 1949 verlegt diese ihren Sitz in die Ernst-Ring-Straße 2-4, eine Villa in Nikolassee.

Nachfolger Hildebrandts wird im November 1951 Ernst Tillich, ein fanatischer Antikommunist, der maßgeblich für die aggressive Ausrichtung der KgU verantwortlich ist. Beide werden später, weil sie Gelder der Amerikaner unterschlagen haben, als Kriminelle vom US-Dienst fallengelassen, die KgU muß 1959 aufgelöst werden.

4. MÄRZ 1948
Terroranschlag auf Personenzug bei Magdeburg

Eine Mine bringt den Personenzug Nr. 1428 zum Stehen. „Es war ein sehr nebliger Tag, und kurz vor Prödel gab es einen lauten Knall. Fensterscheiben und Türfüllungen flogen zwischen die Reisenden. Der Bodenbelag im Führerstand war aufgerissen. Der Triebwagenführer und dessen Beifahrer waren verletzt. Es gab auch unter den Reisenden viele Verletzte", berichtet ein Zeuge von diesem Anschlag unweit Magdeburgs. Als Täter wird ein junger Mann ermittelt, dessen Vater bis vor kurzem Ortsbauernführer der Nationalsozialisten war. Wie sich herausstellt, hat der Attentäter bereits am 17. November 1947 diesen Anschlag verüben wollen, doch damals ging die Sprengladung nicht hoch.

JUNI 1948
Sabotagesommer in der Sowjetzone
In der Zeit von 1. Juni bis 1. September 1948 werden in der SBZ registriert: 28 Sabotagefälle in Betrieben, 18 Brandstiftungen in Betrieben, neun Scheunenbrände, neun Waldbrände, drei Explosionen in Betrieben, eine bewußt herbeigeführte Überschwemmung, zwei Anschläge auf öffentliche Einrichtungen und ein Versuch von Massenvergiftung durch Arsen (Beimischung in Mehl).

18. JUNI 1948
Westmächte beenden Währungseinheit: der wichtigste Schritt zur Spaltung Deutschlands
Die Gouverneure der drei westlichen Besatzungszonen beschließen eine separate Währungsreform, am 20. Juni treten die entsprechenden Gesetze in der amerikanischen, britischen und französischen Zone in Kraft. Ab sofort ist die bislang in allen Besatzungszonen gültige Reichsmark (RM) nur noch in der sowjetischen Besatzungszone reguläres Zahlungsmittel. Das führt zwangsläufig dazu, daß aus den Westzonen sogenanntes Altgeld, das dort bis zum 26. Juni abzugeben und gegen 60 DM pro Person zu tauschen war, in die SBZ fließt.

Mit der Zerschlagung der deutschen Währungseinheit entstehen neue Formen der Kriminalität, etwa die Währungsspekulation. Auch der Schwarzhandel nimmt rapide zu. Das hat schwerwiegende Folgen für die Volkswirtschaft Ostdeutschlands. Zwar werden handelspolitische Maßnahmen zur Einschränkung solcher Auswirkungen ergriffen und die Kontrollmechanismen verstärkt. Es ist jedoch unmöglich, sie in Gänze abzuwehren. Für die Wirtschaft der SBZ entsteht enormer und nicht wieder gutzumachender Schaden, auch wenn dieser sich nicht exakt beziffern läßt.

21. JUNI 1948
SBZ wehrt sich mit „Tapetenmark"
Die Spaltung der Währung ist der wesentlichste Schritt zur Teilung des Landes. Damit erledigt sich die im Potsdamer

Abkommen von den Siegermächten beschlossene deutsche Einheit.

Die Deutsche Wirtschaftskommission (DWK) in der Sowjetischen Besatzungszone reagiert auf die konspirativ vorbereitete Einführung der D-Mark mit dem Druck briefmarkengroßer Kupons, die ab dem 24. Juni auf die in der SBZ und Berlin umlaufenden Geldscheine geklebt werden. Am 26. Juni wird die alte Reichsmark für ungültig erklärt.

Wegen des Aufklebers nennt der Volksmund diese Banknoten „Tapetenmark".

23. JUNI 1948
Sowjets liefern Steilvorlage – der Westen kann seine „Luftbrücke" inszenieren

Obwohl General Clay (USA), General Koenig (Frankreich) und General Robertson (Großbritannien) fünf Tage zuvor Marschall Sokolowski versichert haben, daß an die Einführung der neuen Währung in den Westsektoren Berlins nicht gedacht sei, geschieht dies nun doch. Damit ist auch die ehemalige Hauptstadt geteilt.

Die innerdeutschen Wirtschaftsbeziehungen – die Verzahnung von Betrieben in Ost- und Westdeutschland, in Ost- und Westberlin – reißen, Zulieferungen bleiben aus. Moskau reagiert am 24. Juni mit der Sperrung aller Land- und Wasserwege zu den Westsektoren („Berliner Blockade"), um die Westmächte zur Rücknahme ihrer Entscheidung zu bewegen. Die Alliierten, insbesondere die USA, beginnen daraufhin, Westberlin über eine Luftbrücke zu versorgen. Bis zum 12. Mai 1949 werden 1,44 Millionen Tonnen Lebensmittel, Kohle und andere Hilfsmittel eingeflogen. Meist werden auf dem Rückflug ausgelagerte Betriebsausrüstungen und Umzugsgüter vermögender Familien mitgenommen.

Zur historischen Wahrheit gehört auch:

1. Bei dieser zweifellos beachtlichen logistischen Leistung proben die US-Streitkräfte die Flugleit- und Radarsysteme, die erst 1945 entwickelt worden waren. Die Luftbrücke stellt für die Amerikaner einen Test für den nachfolgenden heißen Krieg in Korea (1950-1953) dar.

2. Zur Sicherung der Aktion müssen die Amerikaner ihre weltweit operierenden Transportflugzeuge abziehen, so auch jene, die in China die Front von Tschiang Kai-schek versorgen. Dadurch bricht die Front – die Truppen von Mao Tsetung marschieren bis Peking. Dort konstituiert sich die Volksrepublik China; Tschiang Kai-schek flüchtet nach Taiwan.
Nach der Lesart des Westens: Rotchina ist der Preis für die Freiheit Westberlins!
3. Die Luftbrücke wird für die von einer Krise bedrohte amerikanische und englische Flugzeugindustrie zum lohnenden Geschäft, das monatlich 50 Millionen einbringt. Die Sowjetunion verliert durch ihre Blockadepolitik viel Sympathien bei den einfachen Menschen in der Welt, die sie bis dahin als Hauptkraft bei der Befreiung vom Faschismus besessen hatte. Der westlichen Propaganda wird es leicht gemacht, einen Sieg zu erringen.

JULI 1948
Westmächte fordern deutschen Separatstaat
Die drei Militärgouverneure – General Lucius D. Clay, General Brian H. Robertson und General Pierre Koenig – bestellen die Ministerpräsidenten der elf westdeutschen Länder ins frühere IG Farben-Haus in Frankfurt am Main, dem nunmehrigen Sitz der US-Militärregierung in Deutschland (OMGUS), ein. Sie überreichen ihnen drei Schriftstücke, die die Ergebnisse der Londoner Sechsmächtekonferenz vom 23. Februar bis 2. Juni 1948 enthalten: Einberufung einer Verfassunggebenden Versammlung bis zum 1. September 1948; Neugliederung der westdeutschen Länder und Grundzüge eines Besatzungsstatuts, das die Beziehungen zwischen der künftigen westdeutschen Regierung und den drei Westmächten regeln soll.

21./22. JULI 1948
Westdeutsche Ministerpräsidenten gegen deutsche Teilung – Ernst Reuter bringt sie auf Vordermann
Die elf Ministerpräsidenten der westlichen Besatzungszonen treffen sich im Jagdschloß Niederwald unweit des „Germania"-Nationaldenkmals bei Rüdesheim am Rhein,

um sich über die mögliche Bildung eines westdeutschen Separatstaates zu verständigen. Einige Tage zuvor, auf einem Treffen in Koblenz vom 8. bis 10. Juli, hat man noch die Absicht erklärt, „daß bei der bevorstehenden Neuregelung alles vermieden wird, was geeignet sein könnte, die Spaltung zwischen West und Ost weiter zu vertiefen".
Den Zorn der Amerikaner über diese Haltung bekommt auch Willy Brandt, damals Berlin-Beauftragter des „Büros Schumacher", zu spüren. Clay „habe geäußert, daß die deutschen Vertreter, wenn sie nicht die Verantwortung einer Regierung übernehmen wollten, entweder Kommunisten oder Kommunistenfreunde sein müßten", berichtet Brandt am 13. Juli dem SPD-Vorsitzenden Schumacher. „Clay sei völlig enttäuscht und habe das Gefühl, daß alles, wofür er sich eingesetzt habe, zusammengebrochen sei. Clay glaube, mehr als ein anderer für die deutsche Regierungsverantwortlichkeit eingetreten zu sein. Jetzt fühle er sich von den Deutschen im Stich gelassen. Das stelle sich ihm auch als eine Schwächung der Front gegen den Bolschewismus dar. Bevor er sich auf nochmalige 3- oder 6-Mächte-Verhandlungen einlasse, wolle er lieber das ganze in London ausgearbeitete Programm fallen lassen. In Amerika würde die angebliche deutsche Scheu vor der Verantwortung einen überaus schlechten Eindruck machen. Das würde sich auch negativ auf die Bereitschaft der Amerikaner, Berlin zu halten, auswirken können."
Die Drohung Clays mit der „Berliner Keule" zeigt Wirkung bei den Länderchefs. Schon am 1. Juli hatte Clays Politischer Berater, Botschafter Robert D. Murphy, ihnen die Frage gestellt: „Was geschieht, wenn die USA Berlin aufgeben?" Länder- und Parteipolitiker verstehen die „Vehikel"-Funktion der Berliner Krise für eine schnelle und reibungslose „Neuregelung im Westen".
Aus gutinformierten Kreisen der US-Militärregierung sickert durch, General Clay habe Ernst Reuter, der seit langem als „Mann der Amerikaner" gilt, persönlich den „Marschbefehl" erteilt, um die Länderchefs endlich „auf Vordermann" zu bringen.
Die Konferenz im Jagdschloß Niederwald bringt den

erwarteten Durchbruch. Ohne ihr Gesicht zu verlieren, rücken die Ministerpräsidenten von ihren „Koblenzer Beschlüssen" ab. Ernst Reuters Anteil an dieser Entwicklung ist unbestritten. Er rühmt sich dessen später: Im Jagdschloß Niederwald wurden „viele Zweifel geäußert, ob ein solcher westdeutscher Bundesstaat nicht eine endgültige Spaltung Deutschlands herbeiführen würde. Da bin ich aufgestanden und habe gesagt: Die Spaltung wird nicht, sie ist vorhanden."

Nun käme es darauf an, aus dem Stück Deutschland, über das man frei verfüge, „ein leuchtendes Beispiel" zu machen, an dem sich die „Flut aus dem Osten" brechen würde. Ein prosperierender Weststaat, der mit einem Gliedstaat Berlin (oder nur einem Teil davon) das Tor zum Osten offenhalte, würde den Kommunismus über kurz oder lang in die Knie zwingen.

Diese „Magnettheorie" findet Fürsprecher besonders im Umkreis der SPD.

26. JULI 1948
„Gegenblockade" der Amerikaner
General Lucius D. Clay läßt den Güterverkehr von den Westzonen in die SBZ sperren. Als nächstes werden Exportverbote verhängt, sowjetische Aufträge an die US-Wirtschaft storniert und eine Handelssperre zwischen den Westzonen und der SBZ durchgesetzt.

SEPTEMBER 1948
In Bonn konstituiert sich der Palamentarische Rat
11.00 Uhr versammeln sich die von den Landtagen der elf westdeutschen Länder ausgewählten 65 Abgeordneten im Zoologischen Museum Alexander Koenig in der Koblenzer Straße zu Bonn zur feierlichen Eröffnungssitzung des Parlamentarischen Rates.

Am Nachmittag tritt der Parlamentarische Rat zur ersten Plenarsitzung in der Pädagogischen Akademie in der Görresstraße zusammen. Auf der Tagesordnung steht die Wahl des Präsidenten des Parlamentarischen Rates. In der ihm eigenen souveränen Art – „Wer ist älter als ich?" – läßt sich Konrad Adenauer durch einfaches Handaufheben küren – einstimmig, bei Stimmenthaltung der KPD-Vertreter Max Reimann und Hugo Paul (sein Mandat übernimmt im Oktober 1948 Heinz Renner).

9. SEPTEMBER 1948
„Ihr Völker der Welt!" – und der erste Tote des Kalten Krieges am Brandenburger Tor

Am späten Nachmittag versammeln sich vor der Ruine des Reichstags über 300000 Menschen. Die Führungen der (West-)Berliner Parteien und Gewerkschaften haben zu dieser Massenkundgebung aufgerufen. Als letzter Redner spricht Ernst Reuter, der 1947 gewählte, aber wegen eines sowjetischen Vetos in der Alliierten Kommandantur an der Amtsausübung gehinderte Oberbürgermeister. Die SMAD verübelt ihm sein „Renegatentum". Reuter hat als Kriegsgefangener im revolutionären Rußland im Dienste Lenins gestanden und unter dem Decknamen „Friesland" 1921 als Generalsekretär die KPD geführt, sich nach seinem Ausschluß aus der Kommunistischen Partei Anfang 1922 und seinem Übertritt in die SPD aber als erklärter Gegner des Kommunismus und des Stalinismus profiliert.

Reuter geht leidenschaftlich mit der Blockadepolitik Moskaus ins Gericht. Seine Rede gipfelt in den berühmt gewordenen Sätzen: „Ihr Völker der Welt, ihr Völker in Amerika, in England, in Frankreich, in Italien! Schaut auf diese Stadt und erkennt, daß ihr diese Stadt und dieses Volk nicht preisgeben dürft und nicht preisgeben könnt! Es gibt nur eine Möglichkeit für uns alle: gemeinsam so lange zusammenzustehen, bis dieser Kampf gewonnen, bis dieser Kampf endlich durch den Sieg über die Feinde, durch den Sieg über die Macht der Finsternis besiegelt ist."

Die zeitgenössische Presse – so etwa „Der Tagesspiegel" – erwähnt Reuters Rede nur beiläufig. Erst der spätere Mythos um seine Person erhebt die Anklage der „Mächte des Bösen und der Finsternis" – Ex-Premier Churchill im März 1946 in Fulton und Präsident Truman im März 1947 vor dem US-Kongreß haben diese Metapher politisch salonfähig gemacht – „in die Freiheitsgeschichte der

Menschheit". Der eigentliche Kern der Rede ist die Beschwörungsformel, die Westmächte dürften nach allem, was bisher geschehen, Berlin nicht aufgeben. Eine solche Absicht hegen diese überhaupt nicht. Der Anlaß ist auch ein anderer.

Im früheren Kontrollratsgebäude waren zwei Tage zuvor die Beratungen der vier Oberbefehlshaber über die Moskauer Direktive vom 30. August 1948 zu Ende gegangen. Man hatte sich nicht geeinigt über Stalins Kompromißvorschlag: Abzug der B-Mark aus Westberlin gegen Aufhebung der Blockade. Die drei Militärgouverneure beruhigten aber den Obersten Chef der SMAD, man wolle über das Währungsproblem weiter verhandeln, was halbherzig vor der UNO bis Februar 1949 geschah. Reuter, der schon im Juni 1948 die Parole ausgegeben hatte: „Wer die Währung hat, hat die Macht", wünschte reinen Tisch zu machen; vermutlich besorgte er wie schon im Juli 1948 im Jagdschloß Niederwald die Geschäfte des General Clay. Er kannte dessen Wunsch, den deutschen Weststaat noch vor dem Abbruch der Blockade unter Dach und Fach zu bringen. „Präfekt von Berlin" soll Kurt Schumacher seinen Parteigenossen Reuter genannt haben.

Was im Anschluß an Reuters Rede vor dem Reichstag geschieht, hat dieser vermutlich nicht gewollt. Eine aufgeputschte Menge holt die rote Fahne vom Brandenburger Tor herab, wo sie seit dem 1. Mai 1945 weht, und verbrennt sie. In dem Tumult greifen sowjetische Soldaten zur Schußwaffe. Ein 15jähriger Junge wird getötet.

Es sind die ersten Schüsse des Kalten Krieges im geteilten Berlin.

22. NOVEMBER 1948
Amerikaner brechen Frankreichs Widerstand

Die USA sind nicht nur die aktivsten Spalter, sondern auch die lebhaftesten Befürworter für die Einbeziehung der Westsektoren Berlins in einen neuen Staat. Der französische Militärgouverneur Koenig lehnt das jedoch ab, weil er in der Beteiligung Berlins eine Vorstufe zur Wiederherstellung des „Reiches" sieht.

1948

Unter Bezugnahme auf die französische „Obstruktion" erläutert General Clay am 22. November 1948 seine Auffassung in einem Telegramm nach Washington: „Koenigs Haltung (...) läuft darauf hinaus, daß die Franzosen sich mit einem westdeutschen Staat nicht einverstanden erklären können, weil ihnen das augenblickliche Klima nicht paßt. (...) Besorgter noch bin ich über die französische Äußerung, die Teilnahme von Berliner Vertretern in Bonn gefährde den politischen Wiederaufbau Westdeutschlands. Wir haben den Franzosen erklärt, daß wir die Beteiligung Berlins an der westdeutschen Regierung nicht genehmigen könnten, wenn zu dem Zeitpunkt, da die Verfassung genehmigt wird, in Berlin eine Viermächte-Verwaltung besteht. Sollte Berlin dann aber eine gespaltene Stadt sein, muß sie von Westdeutschland unterhalten werden. Es wird – unter den Verhältnissen, die vorliegen, wenn die Verfassung genehmigt wird – sorgfältig darauf geachtet werden müssen, daß Berlin in den westdeutschen Staat einbezogen wird."

16. DEZEMBER 1948
Sendeturm des Berliner Rundfunks gesprengt
Der in Berlin-Tegel stehende Sendeturm des Berliners Rundfunks wird – ohne Rücksprache mit dem sowjetischen Stadtkommandanten Kotikow zu nehmen – auf Befehl des französischen Stadtkommandanten in die Luft gejagt. Offiziell heißt es später, daß diese Maßnahme erforderlich gewesen sei, um den geplanten Flughafen Tegel sicherer zu machen. Der Berliner Rundfunk sitzt in der Masurenallee (Charlottenburg) und gilt als exterritoriales Gebiet der Sowjets. Er wird schließlich von den Amerikanern belagert und muß 1950 in die Nalepastraße im Ostteil der Stadt evakuiert werden.

Nach der Sprengung des Sendeturms wird das Programm über einen Notsender bei Potsdam ausgestrahlt. Im April 1949 geht ein neuer, leistungsstarker Sender (243 Meter hoher Sendemast) bei Königs Wusterhausen in Betrieb.

24. JANUAR 1949
Pluspunkte durch Berliner Blockade

John Foster Dulles in einer Rede vor Schriftstellern in Paris: „Zu jeder Zeit hätte man die Situation in Berlin klären können ... Die gegenwärtige Lage ist jedoch für die USA aus propagandistischen Gründen sehr vorteilhaft. Dabei gewinnen wir das Ansehen, die Bevölkerung von Berlin vor dem Hungertod bewahrt zu haben, die Russen aber erhalten die ganze Schuld wegen ihrer Sperrmaßnahmen."

10. FEBRUAR 1949
Protest Moskaus gegen die Überlegung der Westmächte, Berlin zum Bundesland zu machen

Als bekannt wird, daß im Grundgesetzentwurf „Groß-Berlin" als Bundesland aufgeführt ist, protestiert das Informationsbüro der SMAD am 10. Februar 1949 in scharfer Form: „Der provokatorische Charakter und das Abenteuerliche dieses Beschlusses bestehen in der bewußten Nichtberücksichtigung der Tatsache, daß Berlin nur die Hauptstadt eines einheitlichen deutschen Staates sein kann und daß, da es in der sowjetischen Besatzungszone liegt und mit ihr verbunden ist, Berlin auf keinen Fall in einen separaten westdeutschen Staat eingeschlossen werden kann." Während sich die Amerikaner und die Briten von diesem papierenen Protest wenig beeindruckt zeigen, reagieren die Franzosen besorgt. Militärgouverneur General Koenig besteht darauf, Berlin mit keinem Wort im gesamten Verfassungstext zu erwähnen, „da Berlin ein besonderes Problem abseits der Westzonen sei". Außenminister Robert Schuman erläutert Ernst Reuter, der ihn am 10. Februar 1949 in Paris aufsucht, die Gründe. Eine Einbeziehung von Berlin würde „den Russen zu verstehen geben, daß die Alliierten endgültig mit ihnen brechen und jeder Möglichkeit einer Verständigung entsagen wollen". Einen solch scharfen Trennschnitt will Frankreich vermeiden.
Daraufhin reist General Clay in Zivil nach Paris und legt Schuman bei einem dreistündigen Mittagessen in dessen Wohnung die amerikanische Deutschlandpolitik dar. Hin-

terher erklärt Schuman, er habe nunmehr die Zusammenhänge verstanden.

MÄRZ 1949
Westmächte billigen Grundgesetzentwurf
Am 2. März 1949 überreichen die Militärgouverneure der drei Westmächte dem Parlamentarischen Rat ihre Stellungnahme zum Entwurf des Grundgesetzes. Am 22. April 1949 bekräftigen die Außenminister der drei Westmächte erneut, sie „können gegenwärtig nicht zustimmen, daß Berlin als ein Land in die ursprüngliche Organisation der deutschen Bundesrepublik einbezogen wird". Und noch ein drittes Mal – nämlich im Genehmigungsschreiben zum Grundgesetz vom 12. Mai 1949 – erheben die Militärgouverneure ihren Rechtsvorbehalt betreffs der „Beteiligung Groß-Berlins am Bund". Demzufolge sind die Westsektoren Berlins kein konstitutiver Bestandteil der Bundesrepublik und dürfen von ihr nicht regiert werden.
Folgerichtig verkünden die Militärgouverneure am 14. Mai 1949 eine „Erklärung über die Grundsätze der Beziehungen der Stadt Groß-Berlin zu der Alliierten Kommandantur". Dieses Besatzungsstatut für Westberlin bleibt mit einigen Änderungen bis 1990 gültig.

APRIL 1949
Militärpakt gegen künftigen Ostblock gebildet
Konstituierung des Nordatlantikpaktes (NATO) durch Belgien, Dänemark, Frankreich, Großbritannien, Island, Italien, Kanada, Luxemburg, die Niederlande, Norwegen, Portugal und die USA. 1952 kommen Griechenland und die Türkei hinzu. Die Bundesrepublik Deutschland tritt 1955 bei.

20. MAI 1949
Streik gegen (Ost-)Berliner Verkehrsbetrieb
In (West-)Berlin kommt der S-Bahn-Verkehr zum Erliegen. Die dortige „Unabhängige Gewerkschaftsorganisation" (UGO) will per Streik erzwingen, daß die Bahnangestellten in DM bezahlt werden. Bis dato erfolgt die Entlohnung – entsprechend der Einnahmen der Berliner Verkehrsbe-

triebe – anteilmäßig in Ostmark und DM. Der Streik wird nach acht Tagen ohne Ergebnis beendet, die Zahlungspraxis beibehalten.

23. MAI 1949
Bildung der Bundesrepublik Deutschland (BRD)
Am 23. Mai 1949 setzt der Parlamentarische Rat in Bonn das von den drei Westmächten genehmigte Grundgesetz der Bundesrepublik Deutschland in Kraft. Mit der Konstituierung eines Separatstaates ist Deutschland nunmehr auch de jure gespalten.

30. MAI 1949
Der Osten reagiert
Der Volksrat in der Sowjetischen Besatzungszone – das 330 Mitglieder zählende Führungsgremium der seit Ende 1947 tätigen Volkskongreßbewegung für die deutsche Einheit – wählt drei Vorsitzende des Präsidiums. Unter diesen ist der Liberaldemokrat Prof. Kastner, der, wie später Reinhard Gehlen in seinen Memoiren darstellt, für den westdeutschen Geheimdienst arbeitet.
Am 29./30. Mai haben sich 1.969 Delegierte aus allen Besatzungszonen in Berlin auf ihrem 3. Volkskongreß zusammengefunden und einer *Verfassung für eine deutsche demokratische Republik* zugestimmt.

JULI 1949
Bundesrepublik wird zum „Mutterland" aller Deutschen erklärt
Ähnlich wie schon der RIAS erklärt auch der „Tagesspiegel" den Osten zur „Irredenta", zu einem „unerlösten", vom Stammland getrennten und zu befreienden Gebiet. „Zu einer Irredenta gehört ein Mutterland, in unserem Fall also die deutsche Bundesrepublik. Von dieser – das ist die Grundüberzeugung – muß in erster Linie die Irredentabewegung ausgehen und getragen werden (...) Die Taktik wird regional verschieden sein. Alles, was der ostdeutschen Irredenta vom westdeutschen Mutterlande empfohlen wird, muß auf die jeweilige Situation abgestimmt sein."

1949

JULI 1949
Bonn trifft Vorsorge für die Ostzone
Noch vor der offiziellen Konstituierung der Bundesrepublik und der Bildung einer Regierung formiert sich in Bonn ein *Ministerium für gesamtdeutsche Fragen*. Zum Minister wird der Berliner CDU-Politiker Jakob Kaiser berufen. Er erklärt, sein Ministerium habe für den Tag des bald zu erwartenden Anschlusses der Ostzone Vorsorge zu treffen.

15. JULI 1949
Westen richtet „Treuhandstelle für den Interzonenhandel" ein
Um eine offizielle Anerkennung und Legalisierung der ostdeutschen Handelspartner als Behörden zu verhindern, richtet die Bundesregierung eine ausdrücklich inoffiziell arbeitende „Treuhandstelle für den Interzonenhandel" ein.

JULI 1949
„Amerikas wirksamste Radiowaffe im Kalten Krieg" erhält einen 100-Kilowatt-Sender
Der „Rundfunk im amerikanischen Sektor" (RIAS) ist am 7. Februar 1946 zwar auf Sendung gegangen, kann aber bis dato nur über das Drahtfunknetz im Westteil der Stadt empfangen werden. Hatte anfangs General Lucius Clay einen solchen Sender abgelehnt, weil er „nicht dem Geist der Vier-Mächte-Regierung" entspräche, definiert er bald, daß „42 Millionen Deutsche in der britischen und amerikanischen Besatzungszone der stärkste Vorposten gegen das kommunistische Vordringen" seien. Im Juli 1949 geht eine 100-KW-Sendeanlage in Betrieb, ab 14. Januar 1953 eine 300-KW-Anlage. Der Sender ist, wie der im Westteil Berlins erscheinende „Kurier" am 19. April 1949 meint, „Amerikas wirksamste Radiowaffe im Kalten Krieg und seine einzige Stimme hinter dem Eisernen Vorhang". Das erklärt die massive Unterstützung durch die USA. In den Hochzeiten des Kalten Krieges soll die Anstalt rund 1000 Mitarbeiter beschäftigen, die nicht nur rein journalistische Aufgaben erfüllen. Der RIAS ist eindeutig ein Propagandainstrument. „Der Tagesspiegel" schreibt am 11. Februar

1949: „Am Radio hören die Bewohner der ostdeutschen Irredenta die freiheitliche Stimme Berlins." Mithin: Die angesprochene Zielgruppe befindet sich in der sowjetischen Besatzungszone. Die dort lebenden Deutschen sieht man als nationale Minderheit, die ins (westdeutsche) Stammland strebt. Diesem vermeintlichen Wunsch verleiht man Stimme und Nachdruck.

Nach dem Untergang der DDR verliert der Sender seine politische Funktion und wird deshalb aus der Vormundschaft entlassen. Seit 1992 ist er als „rs.94,3" einer der vielen privaten hauptstädtischen Sender.

AUGUST 1949
Kein Mangan für Ostdeutschland, aber Überlegungen, wie man sich „wiedervereinigt"

Eine Lieferung von 30000 Tonnen Manganerz für die ostdeutsche Industrie wird auf Weisung aus Bonn an der Demarkationslinie gestoppt.

Jakob Kaiser fordert in einer Rede vor der Presse in Düsseldorf, daß „frühzeitig mit Planungen zur Eingliederung der russischen Besatzungszone in den deutschen Kernstaat" begonnen werden soll. „Es müssen klare Vorstellungen darüber entwickelt werden, wie die beiden Teile Deutschlands nach jahrelanger Trennung, die durch die Sowjetisierung Mittel- und Ostdeutschlands noch verschärft wird, auf politischem, kulturellem und sozialem Gebiet wieder so zusammengefügt werden können, daß die Wiedervereinigung als ein sinnvoller und gerechter Vorgang empfunden wird."

Bemerkenswert ist, daß bereits mit der Formel „Wiedervereinigung" operiert wird, obgleich es formell noch gar nicht zwei deutsche Staaten gibt.

9. SEPTEMBER 1949
Binnen fünf Monaten drei „Betriebsunfälle" im Sprengstoffwerk Gnaschwitz

Im Nitrierhaus II im Sprengstoffwerk Gnaschwitz kommt es zu einer Detonation. Zwei Menschen fallen dem vermuteten Anschlag zum Opfer.

Nachdem zwei Monate lang nicht produziert werden kann, kommt es am 17. Dezember zu einer weiteren Explosion. Diesmal sterben drei Menschen.

Von September 1949 bis Januar 1950 verursachen Saboteure mindestens drei Explosionen in Gnaschwitz. Dabei kommen insgesamt acht Arbeiter ums Leben. Der angerichtete Sachschaden beträgt 690000 Mark (die offizielle Bezeichnung lautet zwischen 1948 und 1964 „D-Mark der Deutschen Notenbank" [DM der DNB], von 1964 bis 1967 „Mark der Deutschen Notenbank" [MDN] und schließlich bis zur Währungsunion 1990 schlicht „Mark der DDR" [M]. Der Einfachheit halber wird nachfolgend stets von „Mark" gesprochen).

20. SEPTEMBER 1949
Bonn lehnt Oder-Neiße-Grenze ab

In seiner ersten Regierungserklärung lehnt Bundeskanzler Konrad Adenauer die in Potsdam 1945 festgelegte Oder-Neiße-Grenze ab.

Zugleich bekräftigt er den Willen der in der Bundesrepublik nunmehr herrschenden Kreise, „daß die deutschen Landesteile im Osten, die unter russischem Einfluß stehen, wieder die Möglichkeit erhalten, nach deutscher Art und in Freiheit zu leben".

21. OKTOBER 1949
Bundeskanzler Adenauer bestreitet erstmals die Legitimation der DDR-Gründung

In Bonn gibt Kanzler Adenauer seine zweite Regierungserklärung ab. Damit reagiert er auf die Konstituierung eines zweiten deutschen Staates. Am 7. Oktober hat sich der Deutsche Volksrat in (Ost-)Berlin zur Provisorischen Volkskammer „im Sinne der von ihm am 19. März 1949 beschlossenen, vom 3. Deutschen Volkskongreß am 30. Mai 1949 bestätigten Verfassung der Deutschen Demokratischen Republik" erklärt. Adenauer stellt diesen legitimen und demokratischen Akt, der ja die Folge der Teilung Deutschlands durch die Siegermächte ist, grundsätzlich in Abrede und formuliert für die Bundesregierung den anmaßenden Auftrag, „ganz Deutschland auf dem Boden des

Rechts und der Freiheit zu einen und es in eine europäische Ordnung hineinzuführen". Er führt weiter aus: „Die Bundesrepublik Deutschland fühlt sich auch verantwortlich für das Schicksal der achtzehn Milllionen Deutscher, die in der Sowjetzone leben. Sie versichert sie ihrer Treue und ihrer Sorge. Die Bundesrepublik ist allein befugt, für das deutsche Volk zu sprechen."

6. NOVEMBER 1949
Weltweite Aktion gegen den Kommunismus
Wie eine solche „europäische Ordnung" hergestellt werden könnte, formuliert der Amerikaner Joseph Laffan Morse im „Tagesspiegel": „Zunächst sollten sich die führenden Demokraten aller Länder zusammentun, um die weltweite Aktion gegen den Kommunismus vorzubereiten. Sodann muß eine geheime internationale Invasionsarmee aufgestellt werden, die etwa eine Million Spezialisten zählt und sich aus Spionen, Agenten und Organisatoren, aus Saboteuren, Propagandisten und Agitatoren rekrutiert. Jeder Angehörige dieser Armee muß für seine Aufgaben in Schulen gründlich vorbereitet werden. Zu der Invasion gehören ferner Druckereipressen, Bücher, Flugschriften und Radiogeräte, Fachleute kümmern sich um die Herstellung falscher Ausweispapiere und Pässe. Zeitungen und Sendestationen für die Résistance werden gegründet und geheime Versammlungsgelegenheiten und Fluchtwege organisiert. Wir müssen die Führung, Geldmittel und das Material zur Verfügung stellen, deren Untergrundarmeen bedürfen."

21. NOVEMBER 1949
Konzerne versuchen ihr Vermögen in der DDR zu retten
Der Ministerpräsident der DDR übergibt durch sein Presse- und Informationsamt der Öffentlichkeit einen Bericht der *Zentralen Kommission für Staatliche Kontrolle*. Darin befaßt man sich mit Vorgängen um die Deutsche Continental-Gas-Gesellschaft (DCGG), Sitz Dessau. Kurz darauf erhebt das Oberste Gericht der DDR Anklage, am 29. April 1950 ergeht das Urteil des 1. Strafsenats. (Analoge Ver-

fahren richteten sich gegen „Mißwirtschaft in den Organen des Thüringer Bank- und Finanzwesens" [Urteil vom 8. Dezember 1950] sowie gegen die „Deutsche Solvay-Werke" [Urteil vom 20. Dezember 1950].)
Gemäß den Bestimmungen des Potsdamer Abkommens zur Vernichtung von Monopolvereinigungen verfügt der Oberste Chef der SMAD am 30. Oktober 1945 die Enteignung der DCGG Dessau und die Sequestration (Zwangsverwaltung) ihres Vermögens. Die DCGG entwickelt sich im Verlaufe von Jahrzehnten zu einem Monopol von überragender Bedeutung. Das Konzernverzeichnis enthielt mit Stand vom 1. April 1940 einundzwanzig Eigenbetriebe und achtunddreißig Konzerngesellschaften. Das nominale Aktienkapital betrug zuletzt 86 Millionen Reichsmark (RM). Der gesamte Kapitaleinfluß an eigenen und fremden Gesellschaften belief sich auf über 682 Millionen RM. Im faschistischen Aggressionskrieg spielte der Konzern eine tragende Rolle in der Energiewirtschaft, die wichtig für die Rüstungsindustrie war. Der Konzern verfügte zudem über eigene Rüstungsbetriebe.
Angeklagt sind in diesem Prozeß ehemalige leitende Konzernangehörige, die als treuhänderische Verwalter durch die Provinzialregierung von Sachsen-Anhalt eingesetzt wurden, der zuständige Minister der Provinzialregierung sowie der Leiter der Wirtschaftsabteilung des Oberbürgermeisters der Stadt Dessau. Alle Angeklagten haben in ihren Funktionen ausschließlich das Interesse der damaligen Provinzialverwaltung und der Provinz Sachsen zu wahren. Im Gegensatz zu den ihnen übertragenen Pflichten hintertrieben sie jedoch alle Maßnahmen zur Verwirklichung des Befehls des Obersten Chefs der SMAD und der Anordnung des Präsidenten der Provinz Sachsen vom 14. Januar 1946, mit der die DCGG in die unmittelbare Aufsicht und ausschließliche Verfügungsgewalt des Landes Sachsen-Anhalt übernommen wurde.
Mit Einsprüchen, Einwänden und juristischen Winkelzügen hatten die Angeklagten die Enteignung zu verhindern bzw. hinauszuzögern versucht. Durch Bildung neuer Kapitalgesellschaften, mit denen Vermögenswerte der Ent-

eignung entzogen werden sollten und in denen konzernhörige Personen verantwortliche Positionen einnahmen, war beabsichtigt, die Vermögensmasse zusammenzuhalten. Durch die Einrichtung von Konten und den Aufbau von Firmen in den Westzonen schufen sie die Voraussetzungen, so viele reale Werte wie möglich nach dort zu verschieben, den Konzernherren eine Grundlage zum Wiederaufbau des früheren Konzerns zu ermöglichen. Damit entzogen sie diese Werte der Wirtschaft der SBZ/DDR.

Zum Prozeß Thüringer Finanz- und Bankwesen: Angeklagt sind der ehemalige Finanzminister des Landes Thüringen, leitende Mitarbeiter dieses Ministeriums sowie leitende Mitarbeiter der Landesbank und der Landeskreditbank Thüringen. Seit 1946 bis zu ihrer Flucht oder Inhaftierung mißbrauchten sie ihre leitenden Funktionen, um das Finanz- und Bankwesen im Land Thüringen zu desorganisieren, auf konspirativem Weg Verbindungen zu Konzernen und Großbanken in den Westzonen zu unterhalten und deren Interessen im Land Thüringen zu wahren, die Entwicklung des Volkseigentums zu behindern, mit Mitteln der Verschleierung und Täuschung kapitalistisches Eigentum zu erhalten, ihnen obliegende Kontroll- und Aufsichtspflichten gegenüber nachgeordneten Einrichtungen nicht wahrzunehmen und einen gesetzwidrigen Wertpapierhandel durchzuführen.
In seinem Urteil stellt das Oberste Gericht fest: Durch die verbrecherische Manipulation der Angeklagten ist dem Lande Thüringen ein viele Millionen betragender Schaden entstanden. Dieser Schaden setzt sich im wesentlichen zusammen aus den Steuerbeträgen, die gesetzwidrig erlassen wurden und die durch Niederschlagung zeitweilig der Finanzwirtschaft entgangen sind; den Vermögensschäden des Volkseigentums und des Landes Thüringen aus den Manipulationen mit der Staatsbad AG und der Thürag (deren Aktionär der Wintershall-Konzern war, beide Betriebe standen unter Sequester), mit denen versucht wurde, die Aktionäre zu entschädigen und die Überfüh-

rung in Volkseigentum zu verhindern; dem Verschweigen aufgefundener Wertpapierdepots und dem ungesetzlichen Handel mit Wertpapieren, der durch Befehl der SMAD seit dem 23. Juli 1945 verboten war. Zur Verschleierung wurden im großen Umfang Belege und Depotbücher gefälscht.

Zum Solvay-Prozeß: Bei der Deutschen Solvay-Werke AG (DSW) handelte es sich um ein Monopol, das gemäß Potsdamer Abkommen binnen kürzester Frist zerschlagen werden sollte. Die IG Farben war mit 25 Prozent an der DSW beteiligt. Die DSW wurde von dem englischen und dem amerikanischen Kontrolloffizier für das IG Farben-Vermögen als deren Tochtergesellschaft ausgewiesen.

Es bestand zwischen den Siegermächten Übereinstimmung (was im Gesetz Nr. 9 des Alliierten Kontrolrates vom 30. November 1945 Ausdruck fand), daß das gesamte Vermögen der IG Farben – und zwar aller in Deutschland gelegenen Industrieanlagen jeglicher Art, die am 8. Mai 1945 oder nach diesem Zeitpunkt im Eigentum oder unter Kontrolle der IG Farben-Industrie standen – zu beschlagnahmen war. Deshalb unternahmen die IG-Farben und die DSW nach dem 8. Mai 1945 alles, um die zwischen ihnen bestehenden Verflechtungen zu verschleiern und die DSW als sogenanntes Auslandsvermögen vor der Sequestration zu bewahren. Sie gaben vor, daß die DSW in belgischem Eigentum stehe, da sich ihr Stammhaus in Brüssel befinde. Die DSW unterhielt während des faschistischen Raubkrieges gleichfalls Niederlassungen in Polen und in besetzten Gebieten der UdSSR.

Wie auch aus anderen Gebieten der ehemaligen SBZ, die zeitweilig von amerikanischen Truppen besetzt waren, dokumentiert ist, wurde bei der Behandlung der DSW nach dem gleichen Muster verfahren. Der damalige Vorstandsvorsitzende der DSW, Clemm, stellte im Einvernehmen mit den Besatzungsbehörden eine Liste der 30 wichtigsten leitenden Mitarbeiter zusammen und ging mit diesen unter Mitnahme wichtiger Dokumente des Unternehmens in die Westzonen. Ihm vertraute Personen beauftragte er, die

Interessen des Unternehmens in der SBZ weiter wahrzunehmen.

Angeklagt vor dem Obersten Gericht sind leitende Mitarbeiter der DSW, die Sekretärin eines der Angeklagten sowie zwei leitende Mitarbeiter der Landesregierung, darunter der Kontrollinspektor.

Die Angeklagten verschleierten die Tatsache, daß die DSW durch ein Geheimabkommen bereits seit 1924 an die IG Farben gebunden war. Wider besseren Wissens behaupteten sie (und gaben entsprechende Erklärungen ab), daß die DSW zu 99,3 Prozent ausländischer (belgischer) Besitz sei. Damit erreichten sie, daß die Sequestration aufgrund falscher tatsächlicher und rechtlicher Voraussetzungen aufgehoben und das DSW-Vermögen als Auslandsvermögen behandelt wurde. Sie betrieben Wirtschaftsspionage durch Erkundung der von den Behörden der SBZ geplanten Maßnahmen zur Aufdeckung der Beteiligung der IG Farben an der DSW und durch Übermittlung der Informationen an den in den Westzonen ansässigen Clemm zwecks Erarbeitung einer Abwehrstrategie gegen diese Maßnahmen.

Sie nahmen Finanzmanipulationen vor, fälschten das Buchwerk, notierten überhöhte Abschreibungen, zahlten ungesetzliche Dividenden und erschlichen Subventionen in Höhe von mehreren Millionen Mark. Sie betrieben zudem ungesetzliche Geschäfte, bei denen Erzeugnisse der DSW ohne Genehmigung nach Westberlin bzw. in die Westzonen verbracht wurden.

Die in den Prozessen gegen leitende Mitarbeiter der DCGG und der DSW aufgedeckten Mittel und Methoden waren charakteristisch für die gegen die DDR gerichtete wirtschaftliche Störtätigkeit.

Die Eigentümer ließen leitende Angestellte als Vertrauenspersonen zurück und schafften Abhängigkeitsverhältnisse durch Korruption. Dabei wirkten sie sowohl mit Auftraggebern in der BRD bzw. Westberlin als auch mit Erfüllungsgehilfen in der DDR zusammen. Objektiv trat eine wirtschaftliche Schädigung der DDR ein – unabhängig davon, ob die Straftaten gegen die Volkswirtschaft aus staatsfeindlichen oder kriminellen Motiven begangen wurden.

Und schließlich war all diesen Vorfällen gemein: Die Anwendung geheimdienstlicher Mittel (Decknamen, Deckadressen, Einsatz von Kurieren) erschwerte die Aufklärung der subjektiven Motive und Ziele.

DEZEMBER 1949
Sprengstoffanschläge auf Bahnen und Betriebe

In Brandenburg, Sachsen-Anhalt und Mecklenburg werden mehre Sabotagegruppen verhaftet – die zum Teil bewaffnet sind und sich aus ehemaligen Offizieren der faschistischen Wehrmacht bzw. Ex-Angehörigen nazistischer Organisationen rekrutieren.

Auf ihr Konto gehen u.a. Sprengstoffanschläge auf Gleisanlagen der Deutschen Reichsbahn bei Lübz. Es entstand Personen- und Sachschaden.

In Mecklenburg fliegen zehn leitende Angestellte landwirtschaftlicher Genossenschaften auf, die Werte von mehr als 30 Millionen Mark nach Westdeutschland verschoben haben. Leitende Direktoren des Saatzuchtbetriebes Klein Wanzleben ermöglichten es den früheren Besitzern, die nach Westdeutschland geflüchtet waren, sich in den Besitz von Aktien im Werte von 22 Millionen Mark zu bringen.

23. JANUAR 1950
Schiebergeschäfte mit Buntmetall und Schwefelsäure

In Berlin-Friedrichshain wird ein Buntmetall-Lager entdeckt und gesichert, das verschoben werden sollte. Wert etwa eine halbe Million DM.

Sicherheits- und Kontrollorgane der DDR beschlagnahmen bis zum 31. März 1950 nicht weniger als 5 500 Tonnen Buntmetall und Schwefelsäure in beachtlichen Mengen, die nach Westdeutschland bzw. Westberlin verschoben werden sollten.

FEBRUAR 1950
Bonn zeigt Folterinstrumente und stoppt Stahllieferungen

Die Bundesregierung stoppt Stahllieferungen in die DDR. Damit reduziert sich der innerdeutsche Handel auf 75 %

des Gesamtvolumens. Starke Proteste der westdeutschen Stahlindustrie führen dazu, daß am 25. Februar die Lieferungen wieder aufgenommen werden.

FEBRUAR 1950
DDR ist für die Bundesrepublik „feindliches Ausland"
Ab sofort gelten USA-Embargolisten auch für den Handel zwischen BRD und DDR. Danach dürfen bestimmte Produkte nicht mehr in die DDR geliefert werden, weil diese als „feindliches Ausland" gilt.

Bereits 1947/48 haben die USA damit begonnen, durch Bruch der Handelsverbindungen mit den osteuropäischen Ländern die weltweite internationale Arbeitsteilung zu stören. Ihre Embargostrategie verschärfen sie mit dem 1951 erlassenen *Battle Act*. Dieser zielt darauf ab, den Export strategischer Waren entweder zu verbieten oder zumindest auf dem Wege von Genehmigungspflicht rigoros zu beschränken. (Später wird daraus eine Cocom-Liste, die „strategische" Waren indiziert und deren Export in sozialistische Länder verbietet.)

In dieselbe Richtung wirkt der *Johnson Act*, ein Gesetz, mit dem ein Kreditgewährungsverbot gegenüber osteuropäischen Staaten ausgesprochen wird.

Während die BRD – vor allem mit Hilfe der Dollar-Milliarden des Marshall-Planes – im Jahre 1950 den Vorkriegsstand in der Produktion erreicht, belasten die DDR-Wirtschaft die Embargo-Maßnahmen zusätzlich. Sie kann sich nur auf die Hilfe von Partnern im Osten stützen. Die Regierung der UdSSR – in Übereinstimmung mit der Regierung der Volksrepublik Polen – beschließt am 15. Mai 1950 die Restsumme der zu leistenden Reparationen von 10 Milliarden Dollar auf rd. 3,2 Milliarden Dollar zu reduzieren und die Rückzahlungsfrist von 10 auf 15 Jahre zu verlängern. Die Westzonen haben bereits in den 40er Jahren die Zahlungen bzw. Lieferungen an die Sowjetunion und Polen eingestellt, die dann zusätzlich von der SBZ/DDR übernommen werden mußten.

30. MAI 1950
Observation
10000 westdeutsche Teilnehmer am „Deutschlandtreffen" der Freien Deutschen Jugend in Ostberlin werden bei ihrer Rückkehr in die BRD von den westdeutschen Organen aufgehalten und müssen sich an der innerdeutschen Grenze registrieren lassen.

13. JUNI 1950
Deutschlands Grenzen
Erklärung des Alterspräsidenten des Bundestags, Paul Löbe: „In der zwischen der DDR und Polen getroffenen Vereinbarung vom 6. Juni 1950 wird die völker- und staatsrechtlich unhaltbare Behauptung aufgestellt, daß zwischen der sowjetisch besetzten Zone Deutschlands und Polen eine sogenannte Friedensgrenze festgelegt worden ist."

AUGUST 1950
Geheimkonferenz zur Störung der DDR-Volkswirtschaft in Bonn
Das *Bundesministerium für gesamtdeutsche Fragen* in Bonn entwickelt sich immer mehr zu einer der Leitzentralen, die den subversiven Kampf gegen die DDR organisieren. Nach dem III. Parteitag der SED (20.-24. Juli 1950) erörtert es einen Plan zur Störung des 1. Fünfjahrplanes (1951-1955) in der DDR.

In diese Planung sind sowohl US- wie auch britische Geheimdienste einbezogen. Als vordringliche Aufgabe sehen die Initiatoren die Aufstockung ihrer illegalen Agenturen in wichtigen VEB, in Ministerien sowie in Parteien und Gewerkschaften der DDR an. Aber auch Sabotage der Produktion und des Güterverkehrs, Brandstiftungen, Desorganisation der Planung sowie gezielte Abwerbung von qualifizierten Fachkräften, Ingenieuren und Wissenschaftlern sind ins Auge gefaßt. An der Beratung nehmen teil: der Minister für gesamtdeutsche Fragen, Jakob Kaiser, sein persönlicher Referent, F. Sager, führende Ministerialbeamte, der Verbindungsoffizier des USA-Hochkommissars zum Kaiserministerium, Persh, als Vertreter des Geheimdienstes der US-Armee, Allan Holsten, der Experte für Fragen des Spionagedienstes der deutschen Abteilung im *Federal Bureau of Investigation* (FBI), Oberstleutnant John Parking, sowie vom Spionagedienst der britischen Besatzungsbehörde Major Royce.

16. AUGUST 1950
Zum Kugeln: keine Kugellager mehr in die „Ostzone"
Bonn verfügt: „Buntmetall und Kugellager" dürfen nicht mehr in die „Ostzone" geliefert werden.
In den folgenden Wochen werden am Grenzübergang Helmstedt zehn Tonnen Federstahl für den VEB Marienhütte beschlagnahmt. Die Zuliefer-Firma Glaser ist zuvor offiziell informiert worden, daß Lieferungen dieser Waren nicht mehr zulässig seien.
Eine Ladung Schneidinstrumente, die der Maschinenbau Nordhausen bei der Hamburger Firma Wilhelm Fette bestellt hat, wird am Grenzübergang Ellrich gestoppt.
Der DDR-Waggonbau bekommt zwar noch 50 Tonnen Lorenfedern, jedoch fehlen die für die Montage notwendigen Unterlagen. Die Aufforderung zur Nachlieferung wird aus dem Westen abschlägig beschieden.

27. SEPTEMBER 1950
Verfassungsschutz gebildet.
Er soll auch die DDR auskundschaften
In der BRD wird das „Gesetz über die Zusammenarbeit des Bundes und der Länder in Angelegenheiten des Verfassungsschutzes" erlassen. Damit wird der erste offizielle Geheimdienst der BRD installiert. § 5 dieses Gesetzes verpflichtet das Bundesamt und die Landesämter für Verfassungsschutz zur Zusammenarbeit mit den alliierten Sicherheitsbehörden. Das Bundesamt für Verfassungsschutz (BfV) und die Landesämter für Verfassungsschutz (LfV) haben auch den Auftrag, Spionage gegen bestimmte Bereiche des gesellschaftlichen Lebens der DDR, darunter auch gegen die Volkswirtschaft, zu betreiben.
Das Landesamt für Verfassungsschutz Berlin forscht zudem Institutionen und staatliche Organe in der Hauptstadt

der DDR aus und unterhält zu diesem Zwecke ein Netz von Agenten.

Im Wirtschaftskrieg gegen die DDR bedienen sich Geheimdienste und Agentenorganisationen aber nicht nur der Spionage und Störtätigkeit. Sie setzen auch auf Hetze. Gegenstand propagandistischer Attacken sind die gesellschaftlichen Veränderungen in der Landwirtschaft, bei der Volksbildung und in der Erziehungs- und Familienpolitik. Den Protagonisten dieser ideologischen Kriegführung stehen dafür beachtliche finanzielle und materielle Ressourcen zur Verfügung. Tonnenweise werden Flugblätter und Hetzschriften mittels Raketen und Ballons oder über Mittelsmänner in der DDR verbreitet.

Westdeutscher Hörfunk und unter westalliierter Regie betriebene Sender wie RIAS unterstützen sie dabei mit Sendungen wie „Aus der Zone – für die Zone", „Werktag der Zone", „Jugend spricht zur Jugend".

Nicht ohne Eigennutz nimmt die Abteilung für Sonderoperationen *Central Intelligence Group* (CIG, Zentrale Nachrichtengruppe) Beziehungen zu den Ostbüros von SPD und CDU in (West-)Berlin auf, unterstützt deren Aktivitäten und stellt großzügige Beihilfen bereit.

15. OKTOBER 1950
Messerangriff auf Volkspolizisten

In der Nacht vor den Kommunalwahlen in der DDR ertappt eine Streife der Volkspolizei den 18jährigen Oberschüler Herrmann Joseph Flade beim Verteilen von Flugblättern in Olbernhau. Flade sticht dem Polizisten in den Rücken. „Ich überlegte, ob ich es ohne Messer versuchen sollte. Das ging nicht (...) Es gab nur eine Wahl: Verhaftung oder das Messer."

Im Januar 1951 wird er zunächst zum Tode verurteilt, später zu einer 15jährigen Haftstrafe. Im November 1960 wird Flade in die Bundesrepublik entlassen.

ENDE 1950
Einrichtung zur Desinformation gebildet

Mit Unterstützung des Ministeriums für gesamtdeutsche

Fragen, der „Kampfgruppe gegen Unmenschlichkeit" (KgU) und dem „Untersuchungsausschuß freiheitlicher Juristen" (UfJ) wird das „Informationsbüro West" (IWE) gegründet. Seine Spezialität sind Nachrichtenfälschung und Propaganda gegen die DDR. Die vom IWE fabrizierten Nachrichten werden von allen Rundfunkanstalten der Bundesrepublik und Westberlins sowie durch das Bundespresseamt im In- und Ausland verbreitet. Besonders eng ist die Kooperation mit dem Pressekonzern von Axel Springer. Daneben sammelt das IWE Spionageinformationen, die an die westlichen Geheimdienste und die Bundesregierung, aber auch an das Ostbüro der SPD und andere Stellen übermittelt werden.

11. JULI 1951
Bundesdeutsches Recht auf DDR-Bürger ausgedehnt
Der BRD-Bundestag verabschiedet das 1. Strafrechtsänderungsgesetz. Danach kann die Korrespondenz zwischen Bürgern der BRD und der DDR in bestimmten Fällen juristisch verfolgt werden, möglich ist auch eine Anklage auf Hoch- oder Landesverrat.
Die Staatsschutzbestimmungen und damit die Gerichtshoheit der Bundesrepublik erstreckt sich darin erstmals auch auf Bürger eines anderen Staates, nämlich die der DDR.

25. JULI 1951
Grenzmarkierungen zerstört
Der Berliner Magistrat läßt, um die Sektorengrenzen zu markieren und damit auch den Übergang in den Westteil der Stadt zu erschweren, mancherorts Straßensperren aus Bauschutt aufschütten. Sie werden von Westberlinern umgehend abgeräumt.

15. AUGUST 1951
Westberliner Polizisten verprügeln junge Ostdeutsche
Während der III. Weltfestspiele der Jugend und Studenten in der DDR-Hauptstadt ziehen etwa 100000 junge Menschen, zumeist Ostdeutsche, auf Einladung des Regieren-

den Bürgermeisters durch den Westteil der Stadt. Ein Demonstrationszug wird von der Polizei brutal auseinandergeknüppelt, weil er sich u.a. gegen den Krieg der USA in Korea wendet. Es gibt 976 Verletzte.

23. OKTOBER 1951
Der Nationale Sicherheitsrat der USA fordert: Bildet Widerstandszellen in den sowjetisch kontrollierten Gebieten!

Der 1950 in Korea ausgebrochene heiße Krieg steigert das Mißtrauen zwischen den Großmächten. Das erhöht auch Besorgnis und Furcht in ihren jeweiligen Einflußgebieten. Forciert wird die Angst durch die Remilitarisierung der Bundesrepublik. „Während der Koreakrieg zu einem Stellungskrieg wurde, blieb in Washington und im NATO-Hauptquartier die Sorge vor dem Ausbruch eines Ost-West-Konfliktes in Europa virulent", erinnern sich 1997 die Geheimdienstler Bailey, Kondraschow und Murphy. „In einer NSC-Direktive vom 23. Oktober 1951 wurde empfohlen, in sowjetisch kontrollierten Gebieten Widerstandszellen zu bilden und deren Verfügbarkeit im Kriegsfall sicherzustellen. Für die deutsche OPC-Station bedeutete dies, ‚ruhende' Kräfte in Ostdeutschland zu gewinnen – das sind mit Funkgeräten auszurüstende Geheimagenten, die in ‚normalen' Zeiten inaktiv bleiben, um im Kriegsfall aktiv zu werden. Da dafür mit Vorliebe Kandidaten ausgewählt wurden, die sowohl eine ‚erwiesene Motivation' besaßen, zugleich aber mit den Verhältnissen in der DDR gut vertraut waren, fiel der Blick automatisch auf die Freiheitlichen Juristen." Gemeint war der UfJ.

Trotz Warnung eines leitenden Mitarbeiters der CIA, die „gegnerischen Dienste" – gemeint sind die sowjetische und die DDR-Spionageabwehr – können dadurch problemlos die Freiheitlichen Juristen als paramilitärische Truppe verfolgen, beschließt das CIA-Hauptquartier deren Instrumentalisierung. Weiter heißt es bei Bailey, Kondraschow und Murphy: „Im Zuge der Säuberung nach dem Aufstand vom 17. Juni 1953 wurde eine Reihe von Agenten aus dem Netzwerk des Untersuchungsausschusses verhaftet, die als

Angehörige der Organisation Gehlen bezeichnet wurden. Die Verbindung zur Organisation Gehlen wurde zum Teil vermutlich deshalb hergestellt, weil sich der Chefagent, ein ehemaliger hochrangiger deutscher Marineoffizier, dem die Leitung des paramilitärischen Projektes anvertraut worden war, als Mitarbeiter der Organisation Gehlen entpuppte."
„Das Netzwerk war in Dreierzellen organisiert worden, die theoretisch keinerlei Verbindung zueinander hatten. Wie der Untersuchungsbericht von der Berliner Organisationsbasis (BOB) nach dem Scheitern der Operation feststellte, hatten sich in Wirklichkeit aber fast alle Mitglieder der CIA untereinander gekannt. Schon bevor es zur Realisierung des Projektes kam, hatten die CIA aufgrund ihrer Erfahrungen im Korea-Krieg die Absicht (...), das ganze Arsenal der im Krieg angewandten Methoden einzusetzen, um die DDR in ihren Fundamenten zu erschüttern und im Umfeld der dort stationierten sowjetischen Truppen ein solches Chaos anzurichten, daß ein Angriff nach koreanischem Muster unmöglich war."
In dieser zugespitzten Lage beschließt die SED- und Staatsführung, eine Kasernierte Volkspolizei aus der Bereitschaftspolizei zu formieren. Deren Aufbau und Ausrüstung belasten die Volkswirtschaft nicht unerheblich.

Der Koreakrieg und die damit einhergehende Verschärfung des Ost-West-Konfliktes provoziert einen Rüstungswettlauf in den kapitalistischen Hauptländern. Das wiederum führt zu einer steigenden Nachfrage bei Maschinen und Ausrüstungen. Damit wird der sogenannte „Koreaboom" ausgelöst. Die Industrieproduktion der BRD steigt von Juni bis November 1950 um 25 Prozent, der Export verdoppelt sich 1950 gegenüber 1948.
Am 3. April 1950 unterzeichnen die Hohen Kommissare der Westmächte ein Abkommen über die Aufhebung von Beschränkungen für die BRD-Industrie, das die Freigabe von Werkzeugmaschinen aller Art, von synthetischem Gummi und Benzin, die Erhöhung der Stahlproduktion und Erleichterungen für den Schiffsbau vorsieht

1952

Gleichzeitig verlangt am 3. Dezember 1950 die (West-)Alliierte Hohe Kommission von der Bundesregierung die konsequente Einhaltung der Embargobestimmungen im Handel mit der DDR und den sozialistischen Ländern.

OKTOBER 1951
McCarthy in der Bundesrepublik – DEFA-Regisseur Staudte soll zu Kreuze kriechen

Die Hamburger Filmfirma, bei der Regisseur Wolfgang Staudte den Film „Gift im Zoo" dreht, erhält ein Telegramm des Bonner Innenministeriums. Darin wird sie ultimativ aufgefordert, den Regisseur, der auch bei der DEFA arbeitete („Die Mörder sind unter uns"), eine Erklärung abzupressen, er werde nie wieder bei der DEFA drehen. Wolfgang Staudte lehnt das ab – und wird aus dem Vertrag entlassen.

7. NOVEMBER 1951
Westberliner Reichsbahner von Polizei erschlagen

Ein Kommando der (West-)Berliner Polizei aus dem Revier 103 besetzt das Bahnbetriebswagenwerk am Potsdamer Platz; Bahn und Gelände sind unverändert im Besitz der Deutschen Reichsbahn, die in der DDR sitzt. Der Dienstvorsteher Ernst Kamieth protestiert gegen die Aktion. Daraufhin wird er vom Polizeibeamten Zunker derart schwer geschlagen, daß Kamieth noch am selben Tage verstirbt.

24. MÄRZ 1952
Gremium zur Machtübernahme in der „Zone" gebildet

Am 24. März 1952 wird beim Bundesminister für gesamtdeutsche Fragen ein „Forschungsbeirat für Fragen der Wiedervereinigung Deutschlands" gegründet. Seine Aufgabe besteht darin, „ein detailliertes Sofortprogramm für Überleitungsmaßnahmen im Falle der Machtübernahme in der sowjetischen Zone" auszuarbeiten. Der zuständige Minister Jakob Kaiser erklärt: „Es liegt durchaus im Bereich der Möglichkeit, daß dieser ‚Tag X' rascher kommt, als die Skeptiker zu hoffen wagen. Es ist unsere Aufgabe, für alle Probleme bestmöglichst vorbereitet zu sein."

(1967 gibt der Nationalrat der Nationalen Front der DDR ein Graubuch zur „Expansionspolitik und Neonazismus in Westdeutschland" heraus, in dem die Existenz des „Forschungsbeirates für Fragen der Wiedervereinigung Deutschlands", seine Aufgabenstellung und Ziele sowie die personelle Zusammensetzung offengelegt werden. Es wird nachgewiesen, daß der Forschungsbeirat von Experten der faschistischen Eroberungspolitik durchsetzt ist. Botschafter a. D. Ralph Hartmann dokumentiert in seinem 1996 erschienenen Buch „Die Liquidatoren – Der Reichskommissar und das wiedergewonnene Vaterland" Zusammenhänge zwischen der Planung des Forschungsbeirates und dem auf bundesdeutschen Druck am 17. Juni 1990 von der Volkskammer verabschiedeten „Gesetz zur Privatisierung und Reorganisation des volkseigenen Vermögens" [Treuhandgesetz] zur Liquidierung des Volkseigentums in der DDR. Es wird später mit Artikel 25 im Einigungsvertrag vom 31. August 1990 in BRD-Recht transformiert.
Mithin trifft es nicht zu, daß die Bundesregierung angeblich keine konzeptionellen Vorstellungen für die Vereinigung beider deutscher Staaten hat.)
Dem „Forschungsbeirat für Fragen der Wiedervereinigung Deutschlands" gehören an: die Interessengemeinschaft der in der Ostzone enteigneten Betriebe, die Arbeitsgemeinschaft selbständiger Unternehmer, die Vereinigung der aus der Sowjetzone verdrängten Lehrer und Erzieher e. V., der Verband mittel- und ostdeutscher Zeitungsverleger (Herausgeber der deutschen Tageszeitungen) sowie der Inhaber graphischer und verwandter Betriebe aus Mittel- und Ostdeutschland e.V., der Verband Grüne Farbe – Hilfsgemeinschaft zur Wahrung der Interessen und Zusammenführung der Waldbesitzer, Forstmänner und Berufsjäger aus der Sowjetzone und den deutschen Ostgebieten e.V. und weitere Vereinigungen und Institutionen.
Der „Forschungsbeirat", dem Bundesministerium für gesamtdeutsche Fragen angegliedert, legt im Frühjahr 1953 ein erstes „Sofortprogramm" vor. Der „Agrarausschuß" konzipierte umfangreiche Maßnahmen für den „Tag X".

25. MAI 1952
Der „Blaue Expreß" sollte hochgehen

Das Oberste Gericht der DDR verurteilt die für die „KgU" tätige Terror- und Spionagegruppe *Burianek und andere*. Die Direktionssekretärin des VEB Secura Berlin, Lydia Sch., war von „Schubert", einem hauptamtlichen Mitarbeiter der „KgU", zur Spionagetätigkeit angeworben worden. Er hatte sie wissen lassen, daß der USA-Geheimdienst Informationen über die Belegschaftsstärke, Produktionsauflage, finanzielle Situation (Gewinne, Verluste, Gewinnabführung, staatliche Subventionen), Exportaufträge und deren Erfüllung, Übernahmeorte der Exportgüter, Zahlungsart bei Exporten, Materialversorgung (darunter Westimporte) und Materialengpässe sowie Hinweise über Werkangehörige haben wolle. Lydia Sch. übergab Unterlagen über die Struktur und Produktionsauflagen sowie Stellungnahmen des Finanzministeriums und der Investionsbank, Protokolle von Betriebsleiterbesprechungen, Rundschreiben und Protokolle über wichtige Produktionsberatungen ihres Betriebes und benannte zur Belegschaft gehörende Mitglieder demokratischer Parteien.

Aus der Vernehmung Burianeks geht hervor, daß dem beschäftigungslosen Burianek, als er im Frühjahr 1950 im Lesesaal des *Telegraf* in Halensee Stellenangebote las, von einem Redakteur der Vorschlag gemacht worden sei, für 5 DM Briefe, die angeblich Zeitungen enthielten, im Ostsektor in Briefkästen zu werfen. Burianek ging darauf ein, und später, so sagt er aus, habe er auch Briefumschläge mit Absendern von Behörden, Organisationen und Betrieben in der DDR befördert.

Als Burianek dann im August 1950 beim VEB Secura arbeitete, sei er auch mit dem Dienstwagen nach (West-)Berlin gefahren, um dort die Sendungen abzuholen. Burianek sagt ferner aus, daß jener Herr Lehmann, der ihn seinerzeit im Lesesaal des *Telegraf* angesprochen und ihn zu jenem Redakteur geführt hatte, ihm wohl im März 1951 eröffnet habe, er arbeite für die KgU. Er habe ihn gefragt, ob Burianek, obwohl es weniger Geld gäbe, dennoch für ihn und die KgU arbeiten wolle. Wörtlich sagt

Burianek weiter: „Ich sagte ja und war einen Monat bei ihm. Während dieser Zeit erhielt ich Klebezettel und Flugblätter." Danach habe er über den KgU-Sachbearbeiter für das Gebiet Berlin-Brandenburg Tietze (alias Seeberg) seine Aufträge bekommen.

Aus den Aussagen Burianeks ergibt sich, daß er aufgrund von Tietzes Aufträgen die geschäftlichen Verbindungen des VEB Secura nach (West-)Berlin und in die Bundesrepublik ausgekundschaftet habe, bei den Weltjugendfestspielen die Verteilung der Volkspolizei-Einheiten ermittelt, den Ablauf der Veranstaltung mit von der KgU gestellten Stinkbomben, Phosphorbomben, Brandsätzen und Reifentötern zu stören versucht und seit Herbst 1951 in der Weise auch Spionage betrieben habe, daß er Skizzen von Straßen und Brücken sowie von Volkspolizei-Sperren angefertigt hätte. Ferner sagt er aus, er habe für die Gruppe, die er unterdessen gebildet habe, eine organisatorische Ausweitung auch in die DDR hinein beabsichtigt; sie habe „Spionage, Diversion und Sabotage" betreiben sollen.

Burianek und seine Leute hätten dann auch einen Anschlag auf den „Blauen Expreß", den von sowjetischem Personal benutzten D-Zug von Berlin nach Moskau, geplant. Dieser Zug scheint wiederholt als Objekt für Anschläge in Frage gestanden zu haben. Neujahr 1952 soll ein Anschlag gescheitert sein.

26. MAI 1952
DDR glaubt noch immer an gesamtdeutsche Wahlen

Angesichts der zunehmenden Zwischenfälle an der Westgrenze beschließt der DDR-Ministerrat Maßnahmen zu deren Sicherung. Es wird beispielsweise eine Sperrzone mit Kontroll- und Schutzstreifen sowie ein 5-km-Sperrgebiet eingerichtet, für das Sonderbestimmungen gelten.

Allerdings enthält das Gesetz auch den Artikel: Sollte es mit der BRD zu einer Vereinbarung über gesamtdeutsche freie Wahlen kommen, würde das Gesetz aufgehoben werden.

1952

24. JUNI 1952
Westen macht dicht
Die erste Ausgabe der Bild-Zeitung erscheint mit der Schlagzeile auf Seite 1 überm Kopf: „Grenze bei Helmstedt wird gesichert!"

9. JULI 1952
2. Parteikonferenz der SED beschließt überraschend „Schaffung der Grundlagen des Sozialismus"
Walter Ulbricht sagt in seinem Referat, das Zentralkomitee habe beschlossen, „der 2. Parteikonferenz vorzuschlagen, daß in der Deutschen Demokratischen Republik der Sozialismus planmäßig aufgebaut wird". Das trifft eine unvorbereitete Mitgliedschaft und Öffentlichkeit, denn Tage und Wochen davor war immer noch von der Gestaltung der antifaschistisch-demokratischen Ordnung gesprochen worden. Spontane Aktionen zur Schaffung sozialistischer Beispiele und Strukturen wie etwa in der Landwirtschaft wurden als linkssektiererische Abweichungen verurteilt. Diese Kursänderung der SED erfolgt nach Ablehnung des Friedensvertragsangebots der UdSSR, der sogenannten Stalinnote vom 19. März 1952, durch die Westmächte und die Unterzeichnung des Generalvertrags der BRD mit den Westmächten am 26. Mai 1952.
Dieser Schritt ist mit Anstrengungen zur Beseitigung der wirtschaftlichen Disproportionen und dem Aufbau einer schwerindustriellen Basis verbunden, der das Land und die Bevölkerung überfordert und deshalb auf Ablehnung stößt. Der Historiker G. Benser schreibt anläßlich des 50. Jahrestages dieser Entscheidung im „Neuen Deutschland": „Schon im Frühjahr 1953 kam eine Kommission zu dem Schluß, daß die gleichzeitige Lösung aller Probleme nicht möglich sei. Anfang Juli 1953 schätzte die nach Stalins Tod neu formierte sowjetische Führung die Lage in der DDR ungeschminkt ein. Sie verlangte erbarmungslose Selbstkritik und eine entschiedene Korrektur des von der II. Parteikonferenz ‚fälschlicherweise' vorgegebenen Kurses ‚auf einen beschleunigten Aufbau des Sozialismus in Ostdeutschland (...) ohne Vorhandensein der dafür not-

wendigen realen sowohl innen- als auch außenpolitischen Voraussetzungen'." Der überraschende, nicht umfassend vorbereitete und nicht von einer fundierten Analyse ausgehende Beschluß über den Aufbau der Grundlagen des Sozialismus in der DDR ist eine jener voluntaristischen Entscheidungen der SED, die den Keim des Scheiterns in sich tragen.

6. SEPTEMBER 1952
Der UfJ in Westberlin als „Schattenjustizministerium der DDR"

Unter der Überschrift „Die geheimnisvolle Villa in der Limastraße" berichtet die in Stuttgart erscheinende „Deutsche Zeitung und Wirtschaftszeitung" über den seit 1949 in (West-)Berlin tätigen „Untersuchungsausschuß freiheitlicher Juristen" (UfJ), der vom amerikanischen Geheimdienst CIA finanziert wirde. Sein Leiter Horst Erdmann war von einem Offizier der Berliner Operationsbasis der CIA, Henry Hecksher, angeworben worden und arbeitet in dessen Auftrag. (Auch an der Spitze des 1952 gegründeten „Freundeskreises des UfJ" steht mit Dr. Günther Birkenfeld vom „Kongreß für kulturelle Freiheit" ein Vertreter einer von der CIA gegründeten und finanzierten Organisation.)

Der UfJ firmiert offiziell als Rechtsauskunftsstelle. Seine Hauptangriffe richtet er gegen die Justizorgane der DDR. Die Dokumentation angeblichen DDR-Unrechts und die Führung einer sogenannten Belastetenkartei sind Ausgangspunkte fortgesetzter Hetze gegen die DDR, von Drohungen und Erpressungen gegenüber fortschrittlichen DDR-Bürgern bis zu Informationen an den Verfassungsschutz bei Reisen solcher Bürger in die BRD. DDR-Bürger werden aufgefordert, vor dem UfJ, der sich die Rolle eines Schattenjustizministeriums der DDR anmaßt, zu erscheinen und sich zu bestimmten Anschuldigungen zu äußern. Mit welch erpresserischen Mitteln und Methoden der UfJ gegenüber DDR-Bürgern operiert, verrät eine Tagebuchnotiz Victor Klemperers vom 29. November 1952 über einen „erschütternden Gangsterbrief", den ihm der UfJ anläßlich der Verleihung des Nationalpreises zuschickte. „Es wird Ihnen bekannt sein, daß wir derartige ‚Ehrungen' als Bestechungsaktion auf Kosten der ausgebeuteten Bevölkerung der Sowjetzone ansehen. Dementsprechend sind Sie in unseren Karteien registriert worden. Wir nehmen jedoch zu Ihren Gunsten an, daß Sie lediglich keine Möglichkeit sahen, die Ihnen zuteil gewordene ‚Ehrung' auszuschlagen. Indessen sind wir der Meinung, daß Sie Gelegenheit haben, Ihrer tatsächlichen Einstellung zu dem Terrorregime der SED Ausdruck zu geben. Es dürfte Ihnen bekannt sein, daß es in der Sowjetzone unzählige Menschen gibt, die als Angehörige von Kriegsgefangenen und politischen Häftlingen oder als Hinterbliebene zu Tode gequälter aufrechter Widerstandskämpfer von der Pankower Regierung dem Elend überlassen werden. Hier bietet sich die beste Gelegenheit, mit den Ihnen zugeflossenen Mitteln zu helfen (...) Wir empfehlen Ihnen, die Postquittungen für derartige Sendungen gut aufzubewahren, damit Sie am Tag der Wiedervereinigung Deutschlands in Freiheit beweisen können, daß Sie (...) den Versuch unternommen haben, die Auswirkungen des sowjetzonalen Unrechtsregimes zu lindern."

Unter den beim UfJ in Westberlin Rechtsberatung suchenden DDR-Bürgern werden Agenten angeworben, die für politische, Militär- und Wirtschaftsspionage eingesetzt werden sollen. Die Informationen werden für den amerikanischen Geheimdienst ausgewertet. Darüber hinaus wird der UfJ vom amerikanischen Geheimdienst beauftragt, paramilitärische Gruppen in der DDR zu bilden, die im Kriegsfall aktiv werden sollen.

Der UfJ und der ihm angeschlossene „Verlag für internationalen Kulturaustausch" (IKULTA) produziert als Rechtszeitschriften oder als Bezirkszeitungen aufgemachte Hetzschriften, die durch Postversand, später auch mittels Ballons, in die DDR eingeschleust werden. Nach einer UfJ-internen Aufstellung steigt der Versand von 580000 im Jahre 1950 auf 2410000 im Jahre 1954. Dem UfJ stehen für Sendungen gegen die DDR wöchentlich Sendezeiten des RIAS und des SFB zur Verfügung.

Durch Ermittlungen an der Universität Wroclaw kann nachgewiesen werden, daß UfJ-Chef Horst Erdmann ein krimineller Hochstapler ist. Er hat weder ein juristisches Staatsexamen abgelegt noch jemals promoviert. Er ist entgegen eigenen Aussagen auch kein Verfolgter des Nazi-Regimes gewesen, sondern NSDAP-Mitglied und HJ-Führer. Auf einer Pressekonferenz der „Vereinigung demokratischer Juristen" am 25. Juni 1958 in (Ost-)Berlin werden diese Tatsachen der Weltöffentlichkeit zur Kenntnis gebracht. Damit wird die seriöse Fassade des UfJ nachhaltig zerstört. Erdmann muß zurücktreten, und der UfJ wird in seiner subversiven Tätigkeit erheblich eingeschränkt, bis er schließlich gänzlich aufgelöst werden muß. Die „Deutsche Zeitung und Wirtschaftszeitung" schreibt zum UfJ am 6. September 1952: Die „Villa in der Limastraße ist das Haupthaus des ‚Untersuchungsausschusses freiheitlicher Juristen'. Etwa 150 Besucher gehen hier täglich ein und aus. Es gibt gewiß fünfzehn und mehr Institutionen in Westberlin, die sich auf die eine oder andere Art dem Widerstand in der Sowjetzone verschrieben haben. Aber diese Widerstandsarbeit hat auch ihre Kehrseite. Vor allem junge Leute werden immer wieder gefaßt. (...) Bei alledem erhebt sich die Frage, ob bei dem Versuch, den Widerstand in der Ostzone wach zu halten, wirklich mit den rechten Mitteln gearbeitet wird. In dem Augenblick, in dem man sich dazu verleiten läßt, bloße Geheimdiensttätigkeit zu entfalten, wird der Sinn dieses Widerstandes verkehrt. Die Menschen in der Sowjetzone würden dann bald das Vertrauen in den ‚Westen' verlieren. Es ist bekannt, daß ausländische Nachrichtendienste versuchen, die Kontakte zwischen der Bevölkerung der Ostzone und den Westberliner Stellen für ihre Zwecke, das heißt auch für Zwecke der militärischen Spionage auszunutzen."

23. OKTOBER 1952
Sturz nur mit Hilfe von außen möglich
Der Ex-Chef der KgU, Rainer Hildebrandt, räumt im „Tagesspiegel" ein: „Wir müssen heute den Mut aufbringen, uns einzugestehen, daß sich in dem gegenwärtigen

Stadium kommunistischer Machtkonsolidierung die Sowjetzone nicht aus eigener Kraft befreien kann. Ein aktiver Befreiungskampf in der Sowjetzone kann nur dann zu Erfolgen führen, wenn gleichzeitig die Kräfte in den anderen Staaten mobilisiert werden. Das aber setzt Widerstandskämpfer voraus, die unauffällig danach trachten, in einflußreiche Stellungen zu kommen."

OKTOBER 1952
Mit Gift, Brandsätzen und Sprengstoff in Sachsen unterwegs
In Dresden wird eine Gruppe von Terroristen festgenommen, die im Auftrag der „Kampfgruppe gegen Unmenschlichkeit" agiert. Bei der Festnahme wurden Sprengstoff, Brandsätze und Gift sichergestellt.

Der Vertriebskaufmann im VEB Elektroapparate-Werke Berlin-Treptow, Vitalis D., wird im Herbst 1952 von seiner früheren Freundin der „Organisation Gehlen" zugeführt und zur Spionagetätigkeit angeworben. An seine Agentenführer „Winter" und „Lange" liefert er Informationen über Exporte der Elektro-Apparate-Werke (EAW) Berlin-Treptow, besonders als Zulieferer für automatische Zementfabriken, über Arbeiten des zentralen Konstruktionsbüros und andere die Produktion des Werkes betreffende Einzelheiten.
D. nutzt 15 Dienstreisen, die er im Auftrag seines Betriebes unternimmt, um Informationen über die aufgesuchten Betriebe und ihre Produktion sowie die personelle Zusammensetzung der Betriebsleitungen zu erlangen und übermittelt sie seinen Auftraggebern. Neben Informationen über die personelle Zusammensetzung des Direktoriums und weitere leitende Mitarbeiter seines Werkes liefert er Psychogramme. Einen Mitarbeiter versucht er zwecks Anwerbung nach Westberlin zu locken. Insgesamt führt D. 80 Treffs mit seinen Auftraggebern in Westberlin durch.

19. NOVEMBER 1952

Vermutlich bisher 200 Volkspolizisten „im Kampf gegen Agenten, Spione und Saboteure" gefallen

Das Hamburger Magazin „Der Spiegel" berichtet erstmals ausführlich über Aktivitäten der KgU: „,Drei Germans' aus Westberlin erhielten im Frühjahr dieses Jahres von einem Agenten den Auftrag, als Postangestellte verkleidet mit Nachschlüsseln Telephonverteilerkästen im sowjetischen Sektor Berlins zu öffnen und Sprengladungen hineinzupacken. Auf Geheiß des gleichen Auftraggebers zeichneten zwei andere Antibolschewisten namens Georg Kernchen und Günter Brauer Skizzen östlicher Eisenbahnbrücken und geben genau an, wo Explosivstoffe anzubringen seien, wenn man eine optimale Sprengwirkung erzielen wolle. Dann ging das Widerstands-Duo dazu über, Säurefläschchen in die Mechanismen sowjetzonaler Maschinen zu entleeren, so daß deren Räder sich nicht mehr für den Fünfjahrplan drehen konnten. Bevor man ihnen schließlich Preßkohlen mit ,eingebauten' Sprengladungen andrehen konnte, mit denen sie östliche Kohlenvorräte in Brand setzen sollten, wurden die beiden vom sowjetzonalen ,Staatssicherheitsdienst' ertappt, ebenso wie die drei Ostberliner Telephon-Saboteure mit dem verpflichtenden Namen ,Drei Germans'. Den Volksrichtern, die diese Widerstandskämpfer verhörten, fiel es nicht schwer, zu behaupten, daß der Auftraggeber der Angeklagten – wie fast in jedem ähnlichen Fall – die Westberliner ,Kampfgruppe gegen Unmenschlichkeit' sei. Die ,Kampfgruppe' rückte in den Vordergrund des ost-westlichen Notenkrieges, als Sowjet- Kontrollkommissar Tschujkow im Oktober von den westlichen Hochkommissaren forderte, die ,Spionage- und Terrorzentralen' in Westberlin aufzulösen (...) Solche (...) Zentralen in Tschujkows Sinn sind: Kampfgruppe gegen Unmenschlichkeit (KgU), Untersuchungsausschuß Freihheitlicher Juristen der Sowjetzone, Vereinigung politischer Ostflüchtlinge, Ostbüro der CDU, Ost-Redaktion der Morgenzeitung ,Telegraf' (...) Nur die drei westlichen Hochkommissare nahmen die ,Kampfgruppe' noch in Schutz, als sie mit erzwungener Ahnungslosigkeit an Tschujkow schrieben, daß auch die Kampfgruppe ,freiwillig von Deutschen geschaffen' sei, ‚denen die Interessen des deutschen Volkes am Herzen liegen'. So ähnlich hörte es sich an, als der Gründer der ‚Kampfgruppe', Rainer Hildebrandt, am 8. Dezember 1948 von seiner Grunewaldvilla aus die Ziele der Kampfgruppe definierte. Folgende Angehörige dieser Kreise sind u. a. in diesen Monaten vor Gericht gestellt und verurteilt worden: Werner Tocha, 20, zu 9 Jahren Gefängnis, Gerhard Blume, 20, zu 8 Jahren Gefängnis, Gerhard Schultz, 20, zu 5 Jahren, Johann Burianek, Todesstrafe, Wolfgang Kaiser, Todesstrafe.

Der Volkspolizei-Chefinspektor Erhard König behauptet, daß bisher 200 Volkspolizisten ‚im Kampf gegen Agenten, Spione und Saboteure' ihr Leben verloren hätten. Maßgebliche Stellen in Westberlin beschleicht ein ungutes Gefühl, wenn sie sich die Verurteilungslisten ansehen. Immer mehr Persönlichkeiten – Propst Grüber ist nur einer von vielen – protestierten gegen die fahrlässigen Widerstandsaufträge der ‚Kampfgruppe' an Jugendliche. Die ‚Kampfgruppe' dehnte ihre Aktivität auch auf Westberlin aus. Der Westberliner Journalist Heinz Krüger wurde am 9. November 1950 in seiner Hermsdorfer Wohnung (französischer Sektor) von gangsterhaften Gestalten überfallen, die die Polizei aber kurz darauf festnehmen konnte. Am nächsten Tag berichteten alle Westberliner Zeitungen von einem mißglückten Menschenraubversuch an dem Journalisten Krüger und forderten energisches Vorgehen gegen die Täter. Was die Öffentlichkeit nie erfährt, ist, daß diese Täter wenige Stunden nach ihrer Verhaftung wieder auf freiem Fuß sind. Auf der Polizeiwache stellt sich nämlich heraus, daß die beiden angeblichen Menschenräuber, Karl Heinz Stabenow, 22, und Dieter Norden, 19, Agenten der ‚Kampfgruppe gegen Unmenschlichkeit' waren, die Krüger ‚einen Denkzettel' für sein neutralistisches Verhalten und seine Verbindungen zum ‚Nauheimer Kreis' des Professor Noack verpassen wollten. Ein gewisser Seeberg, den Karl Heinz Stabenow und Dieter Norden von der Wache aus anriefen, hatte die Freilassung der Verhafteten verlangt. Seeberg war das Pseudonym des ‚Kampfgruppen'-Vorstandsmitgliedes Tietze, das seine Leute bei solchen Pannen zu decken pflegte. Inzwischen aber hat sich das Verhältnis der Westberliner Polizei zur ‚Kampfgruppe' sehr verschlechtert. Bereits am 27. Dezember 1950 sagte Polizeipräsident Dr. Stumm in Anwesenheit seines Stellvertreters Dr. Urban in einer vertraulichen Unterredung, daß sich in bestimmten westlichen Kreisen, die sich vielfach aus alten belasteten Nationalsozialisten rekrutierten, so etwas wie eine neue ‚Feme-Organisation aufbaut', gegen die man ernste Maßnahmen ergreifen müsse. Es dauerte ein Jahr, bis Polizeipräsident Stumm seine Maßnahmen wenigstens teilweise wahrmachte. Er untersagte im November 1951 seinen Polizeibeamten streng, der ‚Kampfgruppe' noch irgendwelche Auskünfte zu geben (...) Der SPD-Funktionär Ernst Tillich, der bereits im Frühjahr 1950 zur ‚Kampfgruppe' gestoßen war, räumte erst mit den Vertrauensleuten auf, die Rainer Hildebrandt geheuert hatte. Dann engagierte er nach und nach sieben wohlinformierte Polizisten aus Stumms Stab für die wichtigsten Posten (...) Aus dem jetzt 30jährigen Gerd Baitz wurde der Leiter der Abteilung Widerstand (...), der holte die ehemaligen Kriminalassistenten Parey und Herzog, die während ihrer Polizeitätigkeit (...) vorwiegend Menschenraubdelikte behandelt hatten. Seit Baitz jedoch die Widerstandsabteilung leitet, vermehrten sich die Erfolge des SSD gegen aktive Widerstandskämpfer, meist junge Studenten, erst recht. Im Bereich Wittenberg setzte der SSD *(Staatssicherheitsdienst, also MfS – d. Verf.)* 16 Mann fest, im Kreis Grimma 22. Stets führten die Aussagen auf Baitz-Leeder. Ein Beispiel für die Primaner-Ideen der ‚Kampfgruppe' sind die ‚Tage des Schweigens', die sie zweimal durch Flugblätter in der Sowjetzone ausrief. In diesen Tagen sollten die Ostzonenbewohner demonstrativ weder ein Kino noch ein Theater noch irgendeine andere Veranstaltung in der Sowjetzone besuchen. Selten hat es so gut besuchte Veranstaltungen in der Sowjetzone gegeben wie an diesen beiden Tagen. Zum 8. Mai 1950, dem sowjetzonalen ‚Tag der Befreiung', war die Bevölkerung von der Kampfgruppe aufgefordert worden, sich nur auf dem rechten Bürgersteig der Straßen fortzubewegen (...)"

16. DEZEMBER 1952
800 Firmenvertreter in der Bundesrepublik verhaftet, weil sie mit der DDR Geschäfte machten

Die „Nürnberger Nachrichten" melden, die „Kampfgruppe gegen Unmenschlichkeit" habe auf ihrem vierten Gründungstag „die Formen des Widerstandes in der Sowjetzone" erörtert.

Auch der „UfJ" arbeitet der CIA fleißig zu. So liefern im Jahre 1952 „UfJ"-Agenten, die in DDR-Unternehmen tätig sind, Informationen über mehr als 400 Handels- und Liefervereinbarungen zwischen DDR-Behörden und westdeutschen Firmen, die angeblich gegen das US-amerikanische Handelsverbot verstießen. Dies führt in der BRD zur Festnahme von etwa 800 Firmenvertretern, die an diesen Abschlüssen beteiligt waren, und zur Unterbindung von Waren- und Rohstofflieferungen aus der Bundesrepublik in die DDR im Wert von 800 Millionen Mark.

15. JANUAR 1953
Westberlin igelt sich ein

Der Straßenbahnverkehr zwischen beiden Teilen der Stadt wird unterbrochen. Die (West-)Berliner Polizei setzt eine entsprechende Weisung des Regierenden Bürgermeisters von (West-)Berlin, Ernst Reuter, durch.

MÄRZ 1953
Hoher Funktionär arbeitet für Gehlen

Karli B., Hauptreferent im Staatssekretariat für Kraftverkehr und Straßenwesen, erhält im März nach Werbung durch die „Organisation Gehlen" zum Jahreswechsel Decknamen und eine Decknummer. Er soll Karten und Pläne über Straßenneubauten und Brückenprojektierungen (mit Hinweisen auf Tragfähigkeit) beschaffen. Er erhält aus Pullach eine Kamera zum Ablichten der Originale. In der Folgezeit fotografiert er solche Unterlagen, ferner Volkswirtschaftspläne, Protokolle interner Besprechungen sowie Telefonverzeichnisse seines Arbeitsbereiches. Er liefert monatlich etwa 100 Fotos. Außerdem finden in zehntägigen Abständen Treffs in Westberlin statt. Karli B. erhält

auch den Auftrag, Verbindungen in die Volksrepublik Polen herzustellen. Es kommt jedoch nur zur Auslieferung des Protokolls der gemeinsamen Verhandlungen mit der polnischen Seite, sein Ressort betreffend. Darüber hinaus spioniert er bei seinen Dienstfahrten Militärobjekte aus.
Für den „Ernstfall" (Kriegsfall) erhält B. den „Generellen Auftrag für Alle", Chiffrierunterlagen von Informationen, mit deren Anwendung er bei Schulungen vertraut gemacht wird. Außerdem legt er auftragsgemäß Tote Briefkästen im Raum Berlin an. Dafür erhält er monatlich 500 DM. Bis zu seiner Festnahme 1954 fließen 8000 DM.
Mitangeklagt in diesem Verfahren sind die Sekretärin des Betriebsleiters im VEB Projektierung des Kraftverkehrs- und Straßenwesen, Käthe D., der Disponent der Reichsbahndirektion (RBD) Berlin, Ewald M., der Vertriebskaufmann im VEB Elektroapparate-Werke Berlin-Treptow, Vitalis D., und Gottfried Sch., Abteilungsleiter in der Finanzbuchhaltung des VEB Werkzeugfabrik Altenburg. Käthe D., Freundin von Karli B., hatte diesen der „Organisation Gehlen" zugeführt und schriftlich zur Zusammenarbeit geworben. Sie war von ihrem ehemaligen Vorgesetzten, der die DDR verlassen hatte, zu einem Besuch nach Westberlin eingeladen worden. Dort traf sie im Oktober 1952 den hauptamtlichen Mitarbeiter der „Organisation Gehlen" mit Namen „Dahlmann". Er warb sie zur Spionagetätigkeit und vereinbarte mit ihr einen Decknamen. Sie lieferte für etwa 2500 DM Informationen über Projekte von Brücken, Straßen und Autobahnen, die von ihrer Arbeitsstelle erarbeitet wurden. Neben Karli B. „tippte" sie weitere für Spionage geeignete Personen.
Die Berichterstattung erfolgte ein- bis zweimal monatlich in Westberlin. Sie erhielt dort präpariertes Papier und Geheimtinte und legte auftragsgemäß für den „Ernstfall" fünf Tote Briefkästen an und wurde in der Chiffrierung von Spionageberichten geschult.

21. MÄRZ 1953
Patente gestohlen und Spezialisten abgeworben
In den Jenaer Zeiss-Werken werden Mitarbeiter verhaftet, die

im dringenden Verdacht stehen, Patente gestohlen, in die BRD geschmuggelt und Spezialisten abgeworben zu haben.

28. MÄRZ 1953
Pläne des Forschungsbeirats sind geheim
Der Minister für gesamtdeutsche Fragen bestätigt in einem Interview im „Hamburger Anzeiger" die geheime Tätigkeit der Arbeitskreise des Forschungsbeirats. Man veröffentliche keine Details, um „den sowjetzonalen Behörden nicht die Möglichkeit für Gegenmaßnahmen zu geben", sagt Jakob Kaiser.

25. APRIL 1953
Verwirrung mit fingierten Dienstanweisungen
Mit gefälschten Briefen versucht man – immer mal wieder – in der DDR Verwirrung zu stiften. Der „Stern" berichtet über die aktive Maßnahme achtzehn Jahre später: „Als ganz besonderen Widerstandsakt hatte man sich dieses ausgedacht: Auf gefälschten Briefbogen sowjetzonaler Ministerien und Verwaltungsstellen wurden Anweisungen an volkseigene Betriebe geschrieben, in denen die sofortige Einstellung bestimmter Produktionszweige angeordnet wurde. Gleichzeitig gab man, auf ebenfalls gefälschten Briefbogen der betreffenden Betriebe, den Kunden bekannt, daß die erteilten Aufträge infolge technischer Schwierigkeiten nicht ausgeführt werden könnten. Der Kurier, der die Briefe in Chemnitz einstecken sollte, wurde von einem Mädchen verraten."

JUNI 1953
Die CIA wird in Kamenz aktiv
Drei Offiziere der Offiziersschule der VP-Luft in Kamenz werden als Spione eines US-amerikanischen Geheimdienstes verhaftet.
Oberleutnant Werner L., während des Krieges Offizier bei der Luftwaffe, war Ende 1952 über die Sicherheitskommission des ZK der SED bei der Volkspolizei-Luft eingestellt worden. Vor seiner Einstellung fuhr er nach (West-)Berlin und bot sich einem US-Geheimdienst an. Es erfolg-

te seine sofortige Anwerbung. Sein Agentenführer agierte unter dem Decknamen „Silver".

Nach entsprechender Qualifizierung erfolgte der Einsatz von L. als Fachlehrer für Triebwerk/Zelle der MiG 15 an der Offiziersschule der VP-Luft in Kamenz. Er lieferte alle ihm zugänglichen Dokumente zur MiG 15 als Original bzw. als Kopie an den US-Dienst. Die Übergabe erfolgte sowohl bei Treffs in (West-)Berlin als auch bei Treffs mit einem Kurier in einem Hotelzimmer im „Hotel Glückauf" in Senftenberg.

In der Folge gewann L. die Oberleutnante F. und D. für eine Zusammenarbeit mit dem Geheimdienst. Der eine war Waffenoffizier, der andere zuständig für Funk/Funkmeß. Mit ihrer Hilfe baute L. an einem Wochenende das Funkmeßvisier einer MiG 15 aus, brachte es nach (West-)Berlin zur Zentrale und nach Auswertung wieder zurück, so daß am Montag zum Dienstbeginn niemand das zeitweilige Fehlen des Gerätes bemerkte.

1953 fliegt diese Gruppe im Ergebnis der operativen Bearbeitung auf, die Täter werden verhaftet und der Justiz zur Bestrafung übergeben.

3./4. JUNI 1953
Aus Moskau Signal für späte Korrekturen

In Moskau findet eine Beratung mit der Partei- und Staatsführung der DDR statt. Berlin hat im Juli des Vorjahrs auf der 2. Parteikonferenz den „planmäßigen Aufbau der Grundlagen des Sozialismus in der DDR" beschlossen. Das zieht die forcierte Entwicklung des Aufbaus der Schwerindustrie (ohne gesicherte Rohstoffbezüge) und die Bildung von Landwirtschaftlichen Produktionsgenossenschaften nach sich. Der Anteil des Volkseigentums an der Gesamtproduktion liegt damals bei etwa 57 Prozent. Die LPG bestellen elf bis zwölf Prozent der landwirtschaftlichen Nutzfläche in der DDR.

Die Steuerrückstände in der Privatindustrie nehmen erheblich zu. Nicht wenige Betriebsbesitzer gehen in den Westen. Großbauern verlassen ihre Höfe, zum Teil mitten in der Erntezeit ihre Felder. Es verendet nicht mehr betreutes Vieh. Genossenschaftsbauern und LPG-Mitglieder werden Opfer gewaltsamer Übergriffe, Felder werden verwüstet, Getreidespeicher und Scheunen in Brand gesetzt, Maschinen und Einrichtungen von Maschinen-Traktoren-Stationen (MTS) zerstört, Vieh wird vergiftet. Der gleichzeitige Rückgang der Konsumgüterproduktion führt auch auf diesem Gebiet zu ernsten Versorgungsschwierigkeiten. Die Zahl der DDR-Bürger, die das Land verläßt, nimmt bedenkliche Ausmaße an.

In Moskau veranlaßt man eine Kurskorrektur: die staatlichen Maßnahmen – bis auf die Normerhöhung – werden zurückgenommen. Der Ministerrat trifft am 9. und 11. Juni 1953 entsprechende Verfügungen.

Die Normerhöhungen, die besonderen Unmut hervorgerufen haben, werden erst am 16. Juni per Ministerratsbeschluß korrigiert.

17. JUNI 1953
Die Quittung für eine falsche Innenpolitik.
Und: Im Westen wittert man Morgenluft

In etwa 360 Städten der DDR kommt es zu Arbeitsniederlegungen und zu öffentlichen Protesten, in Berlin zu Zusammenstößen von Demonstranten und Ordnungskräften. Die Konfrontation eskaliert, als sich Provokateure aus dem Westteil der Stadt unter die Demonstranten mischen und erkennbar die unübersichtliche Lage anheizen. Aus der ursprünglichen Unmutsbekundung wird zunehmend eine von außerhalb gesteuerte politische Aktion. Dabei tut sich besonders der Rundfunk im amerikanischen Sektor Berlins, der RIAS, hervor.

Einrichtungen des Handels, Büros von Organisationen und staatlichen Dienststellen werden zerstört oder in Brand gesetzt, Bürger, die sich solchen Ausschreitungen in den Weg zu stellen versuchen, drangsaliert und mißhandelt, einzelne Haftanstalten gestürmt.

Mit den Unruhen sind im Westen große Hoffnungen verbunden. Dies verdeutlicht nicht nur die Anwesenheit führender Politiker, Wirtschaftskapitäne und Militärs sowie Vertreter des „Forschungsbeirats für Fragen der Wiedervereinigung Deutschlands" in Berlin. Die Erwartungen zeigen sich auch im auflebenden Börsenhandel mit Aktien ehemaliger Konzernbetriebe in der DDR und in verstärkten Aktivitäten westlicher Geheimdienste.

Inzwischen hat die im Jahr 2000 erfolgte Veröffentlichung eines früheren Geheimdokuments aus der UdSSR zur sowjetischen Deutschlandpolitik neue Hinweise erbracht. In einer Fußnote (Nummer 18) dieses Dokumentes merkt der Kommentator an: „Die zurückhaltende und mäßigende Haltung der westlichen Schutzmächte im Juni 1953 ist allgemein bekannt, weniger hingegen, daß in den NATO-Gremien in diesem Zusammenhang auch das militärische Eskalationspotential der ‚deutschen Frage' unmittelbar thematisiert wurde."

Man hatte also in der NATO darauf spekuliert, von einer inneren Schwäche eines „Feindstaates" profitieren zu können. Falls das nicht genügte, hätte man – wie in vielen anderen Fällen vorher und später praktiziert – gern nachgeholfen.

Die Sowjetunion begreift: Sie darf die DDR aus eben diesem Grunde nicht preisgeben. Ihr Militärkommandant ruft in Berlin den Ausnahmezustand aus und setzt Militär zur Herstellung von Ruhe und Ordnung ein. In etlichen Kreisstädten verhängt die Besatzungsmacht ebenfalls den Ausnahmezustand.

Daß der 17. Juni 1953 nicht der „Volksaufstand" ist, den die Bonner Propaganda in ihre Rituale aufnimmt, sondern maßgeblich von außen beeinflußt wird, bestätigt auch Egon Bahr, der damals beim RIAS tätig ist. „Am Nachmittag des 16. Juni 1953 erschien eine Abordnung der Streikenden mit dem Wunsch, der RIAS solle zum Aufstand in der Zone aufrufen", berichtete er in seinen Erinnerungen. Er habe ihnen gegenüber seine Bedenken artikuliert, worauf diese Männer – sofern sie wirklich jene waren, für die sie sich ausgaben – sich enttäuscht zeigen. „Wir hatten sie etwas beruhigt, indem wir mit ihnen zusammen ihre Forderungen formulierten, fünf oder sechs Punkte aufschrieben und ihnen zusagten, wir würden diese Forderungen des Streikkomitees senden."

Egon Bahr resümiert: „Gerade weil es keine Organisation *(auf Seiten der Streikenden – d. Verf.)* gegeben hatte, war unbestreitbar: Der RIAS war, ohne es zu wollen, zum Katalysator des Aufstandes geworden. Ohne den RIAS hätte es den Aufstand so nicht gegeben."

AUGUST 1953
Spionageauftrag für Gehlen-Agenten
Kurz nach Unterzeichnung des Waffenstillstandsabkommens in Korea (der dreijährige Krieg endete an 27. Juli, drei Millionen Menschen verloren ihr Leben), erläßt General Gehlen den "Generellen Auftrag für Alle", der sich an seine in der DDR tätigen Agenten richtet. (Bei einigen dieser Agenten wird nach Festnahme der Befehl für den "Ernstfall" auf Bromsilberfolie sichergestellt – das ist ein Negativ in Miniformat, welches sich zu winzigen Knöllchen zusammenrollen läßt.) Der Inhalt ist eindeutig auf militärische Auseinandersetzungen zugeschnitten, enthält in diesem Zusammenhang aber auch die DDR-Volkswirtschaft betreffende Aufträge. So heißt es in Punkt 11: "Feststellung aller kriegswirtschaftlichen Maßnahmen der DDR (...) Dabei interessieren einmal der jeweilige Leistungsstand der Wehrwirtschaftsindustrie (Rüstungsbetriebe, energieerzeugende Betriebe, Betriebe der chemischen Grundstoffindustrie und Hydrier-Werke), der Auswirkungen alliierter Luftangriffe auf Betriebe sowie Versuche, ihre Produktion in Gang zu halten. Weiter interessieren rüstungstechnische Neuerungen, besonders die Vorbereitung und Herstellung neuartiger Waffen und neuartige Kriegsgeräte."
In Punkt 13 wird gefordert: "Erfassung und Aufteilung des Menschenpotentials der DDR für die verschiedenen Sparten der Wirtschaft einerseits und auf Wehrmacht und Wehrmachtshilfsdienste andererseits."

AUGUST 1953
Beendigung der drückenden Reparationslieferungen der DDR an die UdSSR
Angesichts der schwierigen ökonomischen Lage der DDR finden im August 1953 in Moskau Verhandlungen zwischen der Regierung der DDR und der UdSSR statt, die seitens der DDR von Otto Grotewohl geleitet werden. In deren

Ergebnis beschließt die Sowjetregierung, die gemäß den Darlegungen der sowjetischen Seite noch ausstehenden Reparationen in Höhe von 2,537 Mrd. Dollar zu erlassen. Außerdem übergibt die UdSSR mit Wirkung von Januar 1954 die noch in sowjetischer Hand befindlichen 33 SAG-Betriebe; darunter Werke wie die Grundchemiebetriebe Leuna, Buna, die Hüttenwerke Thale und die Magdeburger Schwermaschinenbaubetriebe. Die UdSSR gewährt einen Kredit in Höhe von 485 Mio. Rubel, darunter 135 Mio. Rubel in konvertierbarer Währung.

Von der interalliierten Reparationsagentur (I.A.R.A) wird die Höhe der von den Besatzungszonen der USA, Großbritanniens und Frankreichs erbrachten Reparationen mit 512 Mio. Dollar zu Preisen von 1938 beziffert, was einem Betrag von 2,1 Mrd. DM zu Preisen von 1953 entspricht. Durch das Bundesministerium für Innerdeutsche Beziehungen wird die Höhe der von der Besatzungszone der UdSSR (später DDR) erbrachten Reparationen 1985 mit 66,4 Mrd. DM zu Preisen von 1944 angegeben, was einem Betrag von 99,1 Mrd. DM zu Preisen von 1953 entspricht. Damit entfallen auf jeden Einwohner der DDR 5 500 DM Reparationen; in der Bundesrepublik 440 DM (zum Wert von 1953); in der DDR pro Einwohner mehr als das Dreizehnfache.

Nach Angaben von Wissenschaftlern der Humboldt-Universität in Auswertung Moskauer Archivmaterialien nach der Wende betragen die allein von der DDR geleisteten Reparationen 14 Mrd. Dollar zu Preisen des Jahres 1938. Festzuhalten bleibt, daß die auf der Potsdamer Konferenz von der Sowjetunion geforderten Reparationen in Höhe von 10 Mrd. Dollar – insgesamt wurden die Kriegskontributionen Deutschlands mit 20 Mrd. Dollar beziffert – erstens von der DDR für Gesamtdeutschland allein getragen werden mußten; und zweitens, daß diese Summe um etwa 40 % höher liegt als die während der Potsdamer Konferenz von der UdSSR geforderte, aber nicht beschlossene Größe.

Der Substanzverlust an industriellen und infrastrukturellen Kapazitäten der DDR, der als Reparationen für die Sowjetunion geleistet wird, beträgt rund 30 % der 1944 auf diesem Gebiet vorhandenen Fonds. Nach vorliegenden Unterlagen sind davon 2000 bis 2400 der wichtigsten, bestausgerüsteten Betriebe der sowjetisch besetzten Zone betroffen. Bis März 1947 werden in der SBZ Eisenbahnschienen in einer Gesamtlänge von 11800 km abgebaut, darunter alle zweiten Gleise. Bezogen auf den Stand von 1938 ist das eine Reduzierung um 48 %.

Mit dem Befehl 167 der Sowjetischen Militäradministration erfolgt eine Verlagerung der Reparationsleistungen von der Demontage von Betrieben auf die Entnahmen aus der laufenden Produktion. Im Juni 1946 werden 200 der noch vorhandenen, für die Demontage vorgesehenen Werke in sowjetische Aktiengesellschaften umgewandelt, deren Produktion vorrangig materiell gesichert und als Reparationen abgeführt werden muß.

Gemessen am Sozialprodukt umfassten diese, neben der Demontage von Betrieben durchgeführten Entnahmen aus der laufenden Produktion für Reparationen im Gebiet der SBZ/DDR folgende Anteile (in %)

1946	1947	1948	1949	1950	1951	1952	1953
48,0	38,4	31,1	19,9	18,4	16,4	14,6	12,9

Das sind für den Zeitraum 1946 bis 1953, also bis acht Jahren nach Beendigung des Zweiten Weltkrieges 22 % der laufenden Produktion der SBZ/DDR; zu einer Zeit, in der sich in der Bundesrepublik auf der Grundlage der Initialzündung durch den Marshallplan das „Wirtschaftswunder" voll entfaltet.

Um das ökonomische Gewicht und die weit in die Zukunft reichenden und bis zu ihrem Ende nicht ausgleichbaren Belastungen der Wirtschaft der DDR deutlich zu machen, sei auf den „Aufruf an die Regierung der Bundesrepublik zur Zahlung einer Reparations-Ausgleichs-Schuld an die DDR", initiiert von dem Bremer Wissenschaftler Prof. A. Peters, unterschrieben von 58 Bremer Wissenschaftlern und Senatoren, vom Dezember 1989 verwiesen. Dort wird festgestellt: Wenn die Reparationszahlungen gleichmäßig auf die Bürger ganz Deutschlands verteilt worden wären, ergibt sich unter Berücksichtigung einer Verzinsung von $6^{5}/_{8}$ % (wie sie die DDR für den ihr vom Bundesfinanzministerium über deutsche Großbanken 1983–1988 gewährten Kredit zu zahlen hatte) eine Ausgleichszahlung der BRD an die Bürger der DDR in Höhe von 727,1 Mrd. DM zu Preisen von 1989 als ein objektiv völlig gerechtfertigter Lastenausgleich. Auf einer offiziellen Pressekonferenz zur Vorstellung dieses Memorandums am 28. November 1989 in Bonn sagt Prof. Peters: „Mir geht es darum, deutlich zu machen, wenn wir jetzt der DDR Ressourcen zur Verfügung stellen, das nicht unter der Überschrift ‚Hilfe‘ oder ‚altruistische Hilfe‘ subsumieren können." Die BRD müsse sich „als Treuhänder ansehen für die Bevölkerung der DDR in bezug auf ein gewissermaßen gespartes Kapital, mit dem wir ja arbeiten konnten. Und dieses Treugut muß man natürlich zurückgeben."

Das ganze Ausmaß der Vorleistungen der Menschen der DDR, auf die sie infolge der Alleinbezahlung der Reparationen an die Sowjetunion sowohl für ihren Lebensstandard als auch in bezug auf die produktive Akkumulation im Gegensatz zur BRD verzichten mußten, wird auch daran deutlich, daß die verzinste Summe der Reparationsausgleichsschuld der BRD in Höhe von rd. 720 Mrd. DM etwa der Größe des im Verhältnis 2:1 in DM abgewerteten gesamten produktiven Vermögens der DDR im Jahre 1989 entspricht, wie es von dem im April 1991 ermordeten Treuhandchef D. Rohwedder vor dem Ausverkauf durch seine Nachfolgerin Breuel angegeben wird.

16. OKTOBER 1953
Hochstapler als Kronzeuge
In (West-)Berlin wird ein angeblich aus der DDR geflohener Fritz Jädicke der Weltpresse vorgestellt, der behauptet, von der Stasi gefoltert und mit Salzsäure bepinselt worden zu sein. Die medial groß aufgezogene Propagandalüge, erdacht in Jakob Kaisers innerdeutschem Ministerium, wirkt bis nach Amerika, bricht aber bald in sich zusammen.

23. OKTOBER 1953
Nukleargranaten gegen die DDR
Die US-Truppen in der Bundesrepublik werden mit

Geschützen („Atom-Annies") ausgerüstet, die nukleare Granaten abfeuern können. Jede hat etwa die Hälfte der Sprengkraft einer Hiroshima-Bombe.

27. OKTOBER 1953
Affront gegenüber allen Antifaschisten und Juden
Demonstrativ ernennt Bundeskanzler Adenauer den Kommentator der Nürnberger Rassegesetze Hans Globke zum Staatssekretär im Bundeskanzleramt.

1953
Eisenbahner spioniert für Gehlen
Etwa 80 Mal traf sich der Disponent der Reichsbahndirektion (RBD) Berlin, Ewald M., mit seinem Agentenführer in (West-)Berlin und übergab dabei Unterlagen, ehe er verhaftet wird. Er war von einer für die „Organisation Gehlen" tätigen Arbeitskollegin zugeführt worden. Ewald M. informierte über die Be- und Entladung von Gütertransporten der Deutschen Reichsbahn, den grenzüberschreitenden Güterverkehr nach der VR Polen sowie Anforderungen des sowjetischen Militärbeauftragten für Truppentransporte der Sowjetarmee. Er übergab Fahrpläne, den Gesamtbericht sämtlicher Reichsbahndirektionen und Telefonverzeichnisse. Die Dokumente lieferte er zunächst im Original, später als Filmmaterial. M. legte mehrere Tote Briefkästen an, von denen er drei aufgrund der Fülle des zu übergebenden Spionagematerials selbst nutzte.
M. kopierte wöchentlich seit April 1952 zwei bis drei Buchfahrpläne für den internen Dienstgebrauch und garantierte damit seinen Auftraggebern eine Übersicht über Sonder- und Bedarfszüge. Im Oktober 1953 übergab er 468 und im November 720 Fotokopien. M. charakterisierte leitende Angestellte der Generaldirektion der Deutschen Reichsbahn, 15 Mitarbeiter der RBD Berlin sowie das Personal eines Dispatcherlehrgangs. Ferner lieferte M. Informationen über den Güterverkehr zwischen der DDR und anderen volksdemokratischen Ländern. M. unternahm im Auftrag der „Organisation Gehlen" Versuche, seinen in der VR Polen lebenden Halbbruder für eine Spionagetätigkeit zu gewin-

nen. Bevor es dazu kam, wurde er verhaftet. Seine Ehefrau hatte M. zur Mitwirkung gezwungen. Insgesamt erhielt Ewald M. 15000 DM aus Pullach.

5. JANUAR 1954
Ein anderer arbeitet für die KgU
Durch Brandstiftung auf dem Bahnhof Wustermark entsteht Sachschaden von 20000 M. Die KgU hatte den Rangierer Heinz W. veranlaßt, den Rangierverkehr zu stören. „Ich verursachte das Auflaufen, indem ich für die vom Ablaufberg kommenden Waggons keine Hemmschuhe legte und den ersten stehenden Wagen durch einen Hemmschuh blockierte. So geriet ein mit Medikamenten und Streichhölzern beladener Waggon in jener Nacht in Brand."

13. JANUAR 1954
Klassenkampf untertage und an der See
In der Brikettfabrik Buna gibt es eine schwere Kohlenstaubexplosion. In den Kraftwerken der Brikettfabrik „Friedenswacht" passiert das gleiche am 15. März 1954, in den Kraftwerken „John Scheer" am 27. April 1954 sowie Nachterstädt am 3. Mai 1954.

Die merklich gestiegene Anzahl von Bränden, Havarien und Störungen besonders in der Braunkohle und in der Kohleindustrie machen es erforderlich, die Arbeit verschiedener Dienstzweige der Deutschen Volkspolizei, der Technischen Bergbauinspektion, der Arbeitsschutzinspektionen und der Sicherheitsinspektionen aller Bergbaubetriebe und des MfS zu verbessern. Gefragt sind Experten aus wissenschaftlichen und technischen Instituten, darunter auch aus dem am 28. April 1952 gebildeten Kriminaltechnischen Institut (KTI) der Deutschen Volkspolizei. Etliche Täter können ermittelt werden, so nach dem schweren Grubenunglück im Steinkohlenrevier im Zwickau-Oelsnitzer Raum sieben verantwortliche Betriebsangehörige des Martin-Hoop-Werkes. Sie hatten in unterschiedlichem Maße Schuld an einer der größten Bergwerkskatastrophen der DDR.

Dem Grubenbrand am 19. April 1952 waren 48 Bergleute

zum Opfer gefallen und 27 verletzt worden, einige von ihnen schwer. Infolge des Grubenbrandes mußte die gesamte Abteilung 9 des Schachtes stillgelegt werden. Der Sachschaden betrug 5 Millionen Mark.

Bei drei Kontrollen der Arbeitsschutzinspektion Zwickau und zwei Kontrollen der Technischen Bergbauinspektion war auf schwere Mängel in der Wetterführung hingewiesen und Auflagen erteilt worden. Die Werkleitung meldete jedesmal, daß die Mängel beseitigt seien.

Vom Obersten Gericht der DDR wurden im Juli 1952 angeklagt: der Professor für Bergbaukunde an der Bergakademie Freiberg, Prof. Dr. Otto F., die Dipl.-Bergingenieure und Technischen Leiter des Martin-Hoop-Werkes, Wilhelm K., und des Werkes Deutschland, Hans H., der Dipl.-Bergingenieur und Leiter der Abteilung Planung der VVB Steinkohle Zwickau, Georg B., der Bergtechniker und Obersteiger des Karl-Marx-Werkes Zwickau, Bruno F., der Dipl.-Berg- und Planungsingenieur Herbert K. und der Dipl.-Bergingenieur Conrad K., beide vom Projektierungs- und Konstruktionsbüro Berlin, Außenstelle Zwickau.

Außer Bruno F. waren alle Angeklagten im früheren deutschen schlesischen Steinkohlebergbau tätig gewesen und hatten vorwiegend dort ihre bergmännische Ausbildung erhalten.

Sofern sie in der Vergangenheit Mitglieder der Nazi-Partei oder ihrer Gliederungen waren oder gar im Dienste der Gestapo oder der faschistischen Abwehr standen, hatten sie das größtenteils bis zur Aufdeckung ihrer Straftaten verschwiegen. So war Prof. F. nachweislich Gestapo-Spitzel, Hans H. Mitarbeiter der Gestapo und Leiter eines Lagers für sowjetische Kriegsgefangene, Conrad K. war 1935 der Nazipartei beigetreten und Scharführer der SS gewesen etc.

Nach Feststellung des Gerichts lehnten alle die gesellschaftliche Entwicklung in der DDR ab und widersetzten sich ihr aktiv. Sie lieferten detaillierte Informationen an Kohlekonzerne in der Bundesrepublik über die Steinkohleförderung im Zwickau-Oelsnitzer Revier und über wissenschaftliche Arbeiten an der Bergakademie Freiberg. Ihre Nachrichten wurden an westliche Geheimdienste weiterge-

reicht. Professor F. lieferte auch Informationen über die Produktion und geplante Aufbereitungsprojekte polnischer Steinkohlewerke sowie über Verhandlungen mit der polnischen Plankommission.
Da die Angeklagten in leitenden Stellungen arbeiteten, waren sie auch in der Lage, den Aufschluß trächtiger Kohlevorkommen zu behindern und Abbaumethode zu praktizieren, die zu einem erheblichen Anstieg von Grubenbränden führten, beträchtliche Sachschäden anrichteten und in Einzelfällen Menschenleben kosteten.
Darüber hinaus wurden der Einsatz von Fördertechnik und anderer Hilfsmittel verzögert, Gesteinsarbeiten zur Aufschließung neuer Kohleabbaue für längere Zeit eingestellt, eine ausreichende Materialversorgung verhindert, Maschinenräume mit falschen Ausmaßen aufgefahren und ein wichtiger Hauptwetterquerschlag nicht angelegt, dessen Fehlen ursächlich für das Ausmaß des Grubenunglücks vom 19. April 1952 war.
Nach dem Grubenbrand im August 1952 mußten die III. und IV. Abteilung des Karl-Marx-Werkes aufgegeben werden. Damit fiel ein Drittel der Fördermenge aus, und es trat ein Materialschaden in Höhe von 700000 Mark ein.

Unter den in jener Zeit enttarnten Spionen befinden sich nicht wenige, die aufgrund ihrer zum Teil exponierten beruflichen Stellung in der Lage sind, umfangreiche Informationen und Unterlagen über die Volkswirtschaft der DDR auszuliefern.
Zu den mit Gehlens Spionagegruppe „Haase" vom Obersten Gericht der DDR verurteilten Straftätern gehören Rolf Oe., Dispatcher des VEB Schiffselektrik Rostock, Baustelle Wismar, und Walter Sch., Oberreferent im Ministerium für Aufbau, Hauptverwaltung Bauindustrie.
Oe. war im Herbst 1952 durch Vermittlung seines Bruder Otto Oe. angeworben worden. Er lieferte an die hauptamtlichen Mitarbeiter der „Organisation Gehlen" Paulberg und Möser teils chiffrierte, teils mit Geheimtinte abgefaßte Berichte über interne betriebliche Vorgänge der Mathias-Thesen-Werft Wismar. In der Folgezeit berichtete er

über die Baustelle der Werft und über die Stimmung der Belegschaft. Dabei setzte er seine Mutter und seine Schwester als Kuriere ein. Auf Weisung von Pullach legte er für den Kriegsfall Tote Briefkästen an.

Walter Sch. wurde über eine Arbeitskollegin mit Otto Oe. in Verbindung gebracht und Anfang 1953 ebenfalls von „Paulberg" und „Möser" angeworben. Als „Scharnberg" lieferte er bei insgesamt zwölf Treffs in Westberlin ihm zugängliche Informationen und Unterlagen aus der Hauptverwaltung Bauindustrie des Ministeriums für Aufbau der DDR. Besonderes Interesse fanden Angaben über Planerfüllung und Produktionsschwierigkeiten. Während der Ereignisse um den 17. Juni 1953 übersandte Sch. Stimmungsberichte aus Leipzig, Halle und Wernigerode. Dazu benutzte er Geheimtinte und Deckadressen.

23. MÄRZ 1954
Getrennt ins Ziel
Zum ersten Mal nehmen DDR-Sportler am Cross der l'Humanité in Paris teil. Westdeutsche Sportfunktionäre intervenieren, der französische Leichtathletikverband legt Veto gegen die Teilnahme der DDR ein. Die l'Humanité organisiert daraufhin zwei getrennte Läufe.

AUGUST/ SEPTEMBER 1954
Europameisterschaften ohne DDR
Die Teilnahme an den Europameisterschaften der Leichtathletik in Bern wird den DDR-Sportlern verwehrt. Auf dem anschließenden IAAF-Kongreß wird die Anerkennung der Zentralen Sektion Leichtathletik der DDR abgelehnt. Zur Schwimm-Europameisterschaft in Turin verweigert die italienische Regierung den DDR-Schwimmern die Einreise. Erst nach Intervention der Briten dürfen die Sportler einreisen.

SEPTEMBER 1954
Großbauern drillen Saatgut mit Sand
Nachdem die Verluste in der Landwirtschaft erkennbar zunahmen, werden per Dienstanweisung die Leiter der

Bezirksverwaltungen und Kreisdienststellen des MfS aufgefordert, energischer gegen Erscheinungen der Zersetzungstätigkeit in den ländlichen Gebieten vorzugehen.
Gravierender jedoch ist, daß Großbauern ihrer Ablieferungspflicht nicht nachkommen, daß sie die Erfasser und Aufkäufer mit Hunden von den Höfen treiben oder mit Sand gemischtes minderwertiges Saatgut drillen, um so die Erträge zu mindern.
Auch die vorsätzliche bzw. grob fahrlässige Vernachlässigung von Seuchenschutzbestimmungen führt zur Vernichtung von Tierbeständen in ganzen Dörfern. Oftmals können bei Brandschutzkontrollen in großem Umfange versteckte Getreidevorräte oder andere für die Versorgung notwendige Nahrungsmittel gefunden und den Erfassungsbetrieben zugeführt werden.

7. SEPTEMBER 1954
Ganz Berlin wimmelt von Agenten und Spionen
Die „Passauer Neue Presse" berichtet über die Tätigkeit der Geheimdienste in der geteilten Stadt Berlin: „Die Nachrichten- und Abwehrdienste aller Länder (...) haben ihre ausgekochtesten und geriebensten Spezialisten und Spezialistinnen eingesetzt. Lockspitzel sind am Werk, und Menschenraub auf offener Straße, aus Lokalen oder aus Wohnungen, sind keine Seltenheit. Es ist ein Krieg im Dunkeln, der hier erbarmungslos geführt wird (...) Da existiert ein regelrechter Nachrichtenhändler, dessen Handelsobjekt Informationen aus dem Osten sind. Seine Kunden: etliche Geheimdienste Westberlins. Sein finanzieller Erfolg: eine Villa, ein Straßenkreuzer und das Leben eines wohlhabenden Unternehmers. Da ist der kleine Angestellte, der sein bescheidenes Monatsgehalt durch gelegentlichen Nachrichtenverkauf aufbessern will. Da sind die Flüchtlinge aus der Sowjetzone ..."

DEZEMBER 1954
Aktive Maßnahmen gegen DDR-Partner
Unter diesem Datum erreichen verschiedene Handels- und Geschäftspartner der DDR gefälschte Briefe.

So trifft im Wirtschaftsministerium der Koreanischen Volksdemokratischen Republik (KDVR) ein Schreiben folgenden Inhalts aus Berlin ein: „Auf Grund unserer angespannten Devisen- und Rohstofflage sind wir leider gezwungen, die von dem VEB Werkzeugmaschinenfabrik Magdeburg Ihrer jungen, im Aufbau befindlichen Republik als Geschenk gelieferte Stern-Revolverdrehmaschine DRS 63 zu berechnen."

Chimimport Bukarest bekommt mitgeteilt: „Durch Übernahme großer Exportverpflichtungen in das kapitalistische Ausland ist es uns zur Zeit nicht möglich, Vulkanfiberplatten in 14 und 15 mm Dicke zu liefern. Erneute Lieferung in diesen Artikeln ist frühestens im August 1955 möglich."

Industrieimport Sofia bekommt eine Vertragskündigung ins Haus: „Bezugnehmend auf Ihr Schreiben vom 14. Oktober 1954 bedauern wir, Ihnen mitteilen zu müssen, daß wir wegen Devisen- und anderweitigen Schwierigkeiten innerhalb der Industrie unseres Landes die mit Ihnen abgeschlossenen Verträge über Import von Baumwoll- und anderen Geweben nicht realisieren können."

Das türkische Wirtschaftsministerium bekommt zu lesen: „Die beabsichtigte Errichtung eines IFA-Kraftfahrzeug-Großreparaturwerkes müssen wir wegen Devisen- und Rohstoffschwierigkeiten leider bis zum Jahre 1956/57 zurückstellen. Aus dem gleichen Grunde wird sich auch das Lieferabkommen über Personenkraftwagen und Nutzungsfahrzeuge aus der IFA-Produktion nur schleppend durchführen lassen."

Dank Rückfragen der Empfänger fliegt die „aktive Maßnahme" der Gegenseite auf.

Ministerien und Firmen in der DDR verschicken entsprechende Warnungen.

Die Stockholmer Firma Sukab reagiert darauf am 5. Februar 1955: „Wir sehen uns heute veranlaßt, auf Ihren werten Brief vom 13. November 1954 zurückzukommen, in dem Sie auf den Versand von Briefen auf nachgedruckten DIA-Firmenbogen hinweisen, die Falschmeldungen über beschränkte Liefermöglichkeiten der Deutschen Demokratischen Republik beinhalten. Sie bitten uns fer-

nerhin, von Briefen ähnlichen Inhalts Kenntnis zu geben, die in unsere Hände gelangen.
Mit heutigem gestatten wir uns, beiliegend die Photostat-Kopie eines Briefes zu übersenden, die uns von unserem Auswärtigen Amt übermittelt worden ist. Da sowohl der Inhalt wie die Unterschriften offensichtlich falsch sind, betrachten wir das Schreiben nach Übersendung der beiliegenden Kopie an Sie als erledigt. Mit vorzüglicher Hochachtung (...)"

JANUAR 1955

Der RIAS akquiriert Agenten in der „Zone"
Direktor G. A. Ewing, ein US-Bürger, ordnet an, über den Sender die Werktätigen der DDR zur „Arbeite-langsam-Bewegung" und zu Krankmeldungen aufzufordern. Wissenschaftler sollen animiert werden, Fachliteratur über den RIAS zu beziehen. Man hofft, sie dadurch zur „Mitarbeit" erpressen zu können. Mitunter wird ihnen suggeriert, sie würden demnächst verhaftet werden, um sie zum illegalen Verlassen der DDR zu nötigen.
Informationen über Materialengpässe oder -schwierigkeiten sollen vom RIAS direkt an das Bundesministerium für gesamtdeutsche Fragen weitergeleitet werden. Von dort wird Einfluß auf den Interzonenhandel dergestalt genommen, daß mittels Widerruf von Lieferverpflichtungen o. ä. die schwierige ökonomische Lage auf der DDR-Seite verschärft wird.
Im Juni 1955 werden der Dekorateur Joachim W., der Lektor im VEB Verlag Globus, Richard B., der Drogist und Invalide Günther K., der Sachbearbeiter im Staatlichen Kreiskontor für landwirtschaftlichen Bedarf in Stralsund, Willi G., und der gelernte Rundfunkmechaniker und Arbeiter im Stahl- und Walzwerk Brandenburg, Manfred V., wegen einer solchen Verbindung zum RIAS angeklagt.
Der Dekorateur Joachim W. war im Frühjahr 1954 vom RIAS angeworben worden und trug den Decknamen „Dortmund". Er lieferte fortgesetzt Informationen über alle ihm zur Kenntnis gelangten internen Vorgänge der Deutschen Werbeagentur. Seine Berichterstattung erfolgte teils

mündlich, teils schriftlich bei insgesamt 35 Treffs in Westberlin.

Parallel zu seiner Agententätigkeit für den RIAS vermittelte ihn der für „Außenaufgaben" verantwortliche Mitarbeiter Franz Siegel an das Bundesamt für Verfassungsschutz, für das er unter dem Decknamen „Binz" ebenfalls Spitzelberichte über die Dewag lieferte. Nach seiner 1955 erfolgten Entlassung bei der Dewag wurde er der Geheimdienstfiliale des CIC in Berlin-Zehlendorf, Klopstockstraße 14, zur weiteren Verwendung übergeben. Das CIC gewann ihn für die Militärspionage. Er führte seinen Auftraggebern einen Eisenbahner zur Anwerbung zu.

Der Lektor Richard B. war 1953 während des Besuchs einer Sportveranstaltung in Westberlin vom Mitarbeiter des USA-Geheimdienstes „Bartels" angesprochen und zur Kontaktaufnahme mit dem RIAS aufgefordert worden. Im Mai 1954 meldete er sich beim RIAS und wurde von Frau Stein alias Thum zur Zusammenarbeit verpflichtet. Bei etwa 50 Treffs in Westberlin, die vierzehntägig erfolgten, zuletzt im Zwei-Tage-Rhythmus, übergab B. sendefertige schriftliche Berichte zur Planerfüllung in volkseigenen Betrieben (VEB), über die Versorgungslage der Bevölkerung, die Braunkohleversorgung sowie über die Lage in Landwirtschaftlichen Produktionsgenossenschaften. Weitere Informationen betrafen die personelle Struktur des Staatlichen Rundfunk- und Filmkomitees, der DEFA und des VEB Globus Verlag und, soweit möglich, Angaben über die Wirtschaftlichkeit dieser Unternehmen. In einem Fall war er beauftragt, über ein Gerichtsverfahren gegen einen enttarnten Agenten zu berichten. Wichtige Meldungen übermittelte er per Telefon an seine Auftraggeber in Westberlin.

Der Drogist Günther K. arbeitete seit 1949 für den RIAS. Er arbeitete mit Frau Stein zusammen und übermittelte etwa 100 Berichte bei rund 60 Treffs in Westberlin bzw. auf postalischem Weg. K. berichtete vorwiegend über die Situation in der Landwirtschaft und die Versorgung der Bevölkerung.

Der Stralsunder Willi G., im September 1951 angeworben,

bemühte sich um eine hauptamtliche Anstellung beim RIAS. Statt dessen wurde er aufgefordert, zunächst Informationen über die DDR zu liefern. Er erhielt den Decknamen „Xerxes" und eine Deckadresse und lieferte dem Landfunk-Mitarbeiter des RIAS, „Hoppe", mündlich und schriftlich Auskünfte über die Landwirtschaft im Stralsunder Raum. Im Juni 1954 nahm er Verbindung zum Ostbüro der SPD in der Berliner Langobardenallee 14 auf. Im Auftrag des Agentenführers „Reichert" lieferte er fortan unter dem Decknamen „Gerhard Schulz" Informationen militärischen und wirtschaftlichen Inhalts.

Der Riesaer Stahlwerker Manfred V., von Franz Siegel, einem Mitarbeiter für Außenaufgaben des RIAS, im Juli 1954 auf der Straße bei einem Besuch in Berlin angesprochen, hatte zunächst nicht reagiert. Daraufhin erhielt er im August 1954 einen Brief mit dem Vorschlag zu einem Besuch in Westberlin. Da er dieser Aufforderung nicht nachkam, gab es einen Drohbrief. Dieser verfehlte seine Wirkung nicht. Siegel verlangte von V. bei dieser Begegnung Informationen aus dem Stahl- und Walzwerk Riesa, zumindest aber eine Bestätigung der Richtigkeit der beim RIAS über das Werk vorliegenden Daten zu Struktur, Leitungspersonal und Betriebsausfällen an den Siemens-Martin-Öfen des Werkes. Als V. klar wurde, in eine geheimdienstliche Tätigkeit verstrickt worden zu sein, wollte er im Januar 1955 die Verbindung abbrechen. Frau Stein erpreßte ihn jedoch zur weiteren Zusammenarbeit, indem sie ihn in einem Brief wissen ließ, „daß Muttchen Steinbach keinen Spaß verstehe". Daraufhin fuhr V. ab März 1955 wieder zu Treffs nach Westberlin und berichtete u. a. über die Einführung technisch begründeter Arbeitsnormen und den in bestimmten Bereichen sich vollziehenden Personalwechsel.

14. JANUAR 1955
Und wieder einmal: gefälschte Geschäftspost
Der VEB Chemische Fabrik in Reichenbach i. V. erhält folgende schriftliche Mitteilung: „Betr.: Exportauftrag Tomskoi. Auf Wunsch des Exportpartners ist der weitere

Export sofort einzustellen. Wir werden Ihnen in Kürze einen anderen Exportpartner bekanntgeben. Hochachtungsvoll Deutscher Innen- und Außenhandel. gez. Kramer, Abteilungsleiter. i. V. (unleserliche Unterschrift)."
Das volkseigene Elektromotorenwerk Wernigerode wird auf einem gefälschten Briefbogen des DIA Invest-Export informiert, daß die Produktion von Tropenmotoren einzustellen sei.
Der VEB Henry Pels Erfurt bekommt die Mitteilung: „Von unserem holländischen Exportpartner sind infolge unüberbrückbarer Verrechnungsschwierigkeiten die Verträge über Lieferung von Tafelscheren rückgängig gemacht worden. Da wir z. Zt. noch nicht überblicken können, ob wir für diesen Auftrag einen neuen Exportpartner finden, ist die Fertigung von Tafelscheren zugunsten anderer wichtiger Aufträge zu stoppen."
Das Buchbindereimaschinenwerk in Leipzig erfährt, daß die in Madras vorgesehene Industrieausstellung verlegt worden sei. „Wann mit den Vorbereitungen begonnen werden soll, wird von uns rechtzeitig bekanntgegeben", informiert die „Deutsche Warenvertriebsgesellschaft". Dort jedoch hatte nie einer diese Absage geschrieben.

28. JANUAR 1955
In Stockholm merkt man die Fälschung selbst
Im schwedischen Außenhandelsministerium in Stockholm trifft ein Brief ein, in dem der erst am 11. Dezember unterzeichnete erste Handelsvertrag zwischen der DDR und dem Königreich Schweden gekündigt wird. Darin heißt es: „Durch die Pariser Verträge *(NATO-Beitritt der Bundesrepublik – d. Verf.)* sind wir gezwungen, zwecks Verteidigung unserer sozialen Errungenschaften unsere Industrie auf Rüstung umzustellen. Unsere lt. Warenabkommen festgelegten Lieferungen von Textilien, Kraftfahrzeugen, Erzeugnissen der Feinmechanik und Optik, Maschinen aller Art werden daher in nächster Zeit vordringlich innerhalb unseres Landes und der Volksdemokratien benötigt (...) Wir machen schon jetzt darauf aufmerksam, daß wir an der Lieferung von landwirtschaftlichen Produkten wie

Käse, Butter, Eiern und Fischen nicht interessiert sind, sondern zum Aufbau unserer Rüstungsindustrie vordringlich Eisen, Stahl und Eisenerze benötigen.
In der Hoffnung, daß Sie für unsere Situation Verständnis haben, zeichnen wir hochachtungsvoll (...)"
Schwedische Beamte stellen erstaunt fest, daß die Unterschrift des DDR-Ministers Hüttenrauch echt zu sein scheint, halten aber dennoch in Berlin Rückfrage und erfahren, daß es sich bei dem Brief um eine Fälschung handelt.

MÄRZ 1955

Militärische Besetzung der strategisch wichtigen Punkte in der SBZ geplant

Wie ernsthaft ein mögliches Ende der DDR – woran man aktiv mitwirken wollte – angenommen wird, verdeutlicht ein Geheimdokument mit der Bezeichnung „DECO II". Es stammt vom 2. März 1955 und vermutlich aus dem Panzerschrank des Bundeswehr-Generals Speidel. Es wird erst 1959 publik. Darin heißt es: „Die Operation DECO II sieht ein schlagartiges Zusammenwirken von Land-, Luft- und Seeverbänden, Propagandaeinheiten und den vor Anlaufen der militärischen Operationen nach Ostberlin und strategisch wichtigen Punkten der SBZ zu infiltrierenden militärischen Einheiten vor (...) Die nach Ostberlin eingeschleusten Verbände der 3. LSKG in Zivil besetzen zum Zeitpunkt ‚E' schlagartig sämtliche sowjetzonalen staatlichen und militärischen Dienst- und Kommandostellen, Telegrafen- und Fernsprechämter, Reichsbahn- und Stadtbahnhöfe, Rundfunksender, Großverlage, Staatsreservelager, Industrie- und Hafenanlagen, Ausfallstraßen und Grenz-Kontrollpunkte ..." Von offizieller Seite wird die Existenz einer solchen Planung nie dementiert.

4. MAI 1955

Mit gefälschten Lebensmittelmarken gegen Konsum und HO

Anneliese Gl., eine von der KgU erpreßte Agentin, erklärt auf einer Pressekonferenz in (Ost-)Berlin ihren Auftrag. Sie sollte gefälschte Lebensmittelkarten unauffällig in der DDR

verteilen, indem sie diese in Telefonzellen liegen ließ oder auf der Straße und in Verkehrsmitteln „verlor": „Ich erhielt die Fälschungen von Paulsen. Es war jedesmal eine ungeheure Menge von Karten. Einmal, als er mir je 50 Bogen Reisemarken für Fleisch und Fett gab, sagte er: ‚Wir haben für fünfzig Tonnen Lebensmittel gefälschte Reisemarken gedruckt. Die im Osten werden sich ganz schön wundern, wenn ihr Kram nicht ausreicht, um die Marken zu beliefern.'" *(Zur Erklärung: In der DDR sind die Lebensmittel unverändert rationiert. Die ausgegebenen Marken dürfen aber nur in den jeweils zugewiesenen Geschäften eingelöst werden. Verreist man innerhalb der DDR, muß man seine Lebensmittelmarken vorher gegen die überall geltenden Reisemarken eintauschen.)*
Christian B., Agent der KgU, gesteht bei der gleichen Pressekonferenz, Lebensmittelmarken in folgenden Mengen in Empfang genommen und verteilt zu haben: 5750 Fettmarken zu 10 Gramm (57,5 kg), 5750 Fleischmarken zu 50 Gramm (287,5 kg), 100 Kohlenkarten zu je 2 Zentner, 100 Benzinmarken zu je 5 Liter.

20. JUNI 1955
Atombomben-Abwürfe gegen die DDR geprobt
Bei einem siebentägigen Luftwaffenmanöver der NATO („Carte Blanche") in Westeuropa wird die Kriegführung mit Kernwaffen geprobt. Daran sind etwa 3000 Flugzeuge beteiligt. Bei den rund 12300 Flügen wird auch der Abwurf von 335 Kernbomben auf DDR-Städte simuliert.

24. JUNI 1955
Der RIAS erneut am Pranger
Vor dem Obersten Gericht der DDR findet ein Verfahren gegen fünf RIAS-Agenten statt. Dabei wird erneut gerichtsnotorisch: Der Rundfunk im amerikanischen Sektor ist, entgegen allen Beteuerungen, keine „normale" Medienanstalt, keine „freie Stimme der freien Welt", sondern ein antikommunistisches Propagandainstrument zur Destabilisierung der DDR und eine Agentenzentrale. Der Sender arbeitet seit 1945 in der Kufsteiner Straße 69 und

ist damals im Auftrag des Kriegsinformationsamtes beim Hauptquartier der US-Streitkräfte in Deutschland gegründet worden. Später wird er dem Hohen Kommissar (HICOG) der USA in Deutschland (mit Sitz in der Clay-Allee in Berlin) und dem amerikanischen Außenministerium unterstellt. Die Einstellung von Personal bedarf in jedem Falle der Zustimmung durch den HICOG. Das Unternehmen wird damals mit jährlich 2,7 Millionen Dollar finanziert.
Mit der nachrichtendienstlichen Tätigkeit ist vorwiegend die RIAS-Hauptabteilung Politik befaßt. Ihr untersteht die Abteilung „Information aus der SBZ". Diesen Teilbereich leitet Dr. Kirchstädter, dem drei „Interviewer" – Frau Thum alias Stein, die Herren Fröhnel alias Ernst (ein ehemaliger faschistischer Abwehroffizier) und Parsenow alias Zerbe – unterstehen. Für „Außenaufgaben" ist Franz Siegel tätig, der Kontaktanbahnungen bei DDR-Bürgern vornimmt, die die Westsektoren aufsuchen.
In den Sendungen wird dazu aufgerufen, sich mit Wünschen, Anregungen und persönlichen Sorgen postalisch an den RIAS zu wenden. Karten für Veranstaltungen in Westberlin sind nur persönlich in der Hauptabteilung Politik abzuholen. Dabei erfolgt mitunter die Anwerbung für eine Agententätigkeit. Man schreckt auch vor der Akquise Jugendlicher nicht zurück. Zuweilen setzt man auch Prostituierte auf Zielpersonen an, die man anwerben will. In dem Verfahren im Sommer 1955 wird deutlich, daß die Angeklagten zur Erkundung der ökonomischen Situation der DDR angeworben worden waren. In diesem Prozeß kommt eine Reihe von Dokumenten zur Sprache, die den Mechanismus des geheimdienstlichen Wirkens dieser Sendeanstalt verdeutlichen.

RIAS Berlin
Eine freie Stimme der Freien Welt
Hauptabteilung Politik
Verteiler: Interviewer
Eine Übersicht der in letzter Zeit eingegangenen Berichte läßt erkennen, daß der Gewinnung neuer Mitarbeiter aus dem Ostsektor und der SBZ wieder mehr Aufmerksamkeit

geschenkt werden muß. Die Interviewer werden daher gebeten, dieser Frage sorgfältige Beachtung zu widmen und vor allem bestrebt zu sein, Berichte aus den großen Werken (Buna, Leuna, Stahlwerk Riesa usw.) zu gewinnen.
Berlin den 14.2.55   gez. G. A. Ewing, Direktor

Die beim RIAS einlaufenden Informationen über die Volkswirtschaft der DDR werden an die Abteilung Wirtschaftsspionage des USA-Geheimdienstes in Berlin-Zehlendorf, Sundgauer Straße, weitergeleitet.

Personen in besonders einflußreichen Stellungen der DDR-Volkswirtschaft bzw. solche, die über wichtige volkswirtschaftliche Vorgänge berichten können, sind sofort entsprechenden Dienststellen des USA-Geheimdienstes zuzuführen. Dabei wird eine enge Zusammenarbeit mit anderen Agentenzentralen in Westberlin angestrebt.

Neben der Sammlung von Informationen ergehen auch Aufträge zur Störung und Sabotage der Volkswirtschaft der DDR.

So heißt es beispielsweise in der Richtlinie für Interviewer vom 4. Januar 1954, unterzeichnet von Ewing: „Die Schwierigkeiten des Regimes durch aktive Einzelhandlungen aller Art erhöhen. Solche Handlungen müssen jedoch als Zufall erscheinen. Über die Koordinierung folgen zu gegebener Zeit Einzelheiten."

Der im Prozeß vor dem Obersten Gericht der DDR geladene Zeuge R., Arbeiter im Fernmeldeamt, bestätigt, von Frau Stein beauftragt worden zu sein, öffentliche Verteilerkästen und Wähleranlagen zu zerstören.

Dem Zeugen K. waren gefälschte Lebensmittelkarten zur Verteilung übergeben worden.

26. SEPTEMBER 1955
Zähe Verhandlungen

Erstmals verhandeln Vertreter beider deutschen Nationalen Olympischen Komitees (NOK) über die Bildung einer gemeinsamen Mannschaft für die Olympischen Spiele. Vorausgegangen war die Anerkennung des NOK für Deutschland (BRD) durch das Internationale Olympische

Komitee (IOC) 1951 und die Auflage, ein „Olympisches Komitee für Gesamtdeutschland" zu bilden. Der Antrag des NOK der DDR auf Anerkennung wurde abgelehnt. Die sich anschließenden Gespräche mit dem NOK der BRD verliefen erfolglos. Der NOK-Präsident (BRD), Ritter von Halt, schrieb im Mai 1951 an Bundeskanzler Adenauer: „Auch diese Besprechung leitete ich so, daß sie erfolglos verlaufen mußte. Die Beratungen selbst waren außerordentlich schwierig, weil die Vertreter der Ostzone sich zu jedem Entgegenkommen bereit erklärten und weil sie ihre Wünsche auf eine zahlenmäßige Vertretung in dem gesamtdeutschen Komitee auf ein Minimum herabzusetzen gewillt waren." An den Olympischen Spielen 1952 in Helsinki nahm kein DDR-Sportler teil, obwohl ein Angebot an das NOK der BRD erging, in der westdeutschen Olympiamannschaft zu starten. Auf der 48. Tagung des IOC in Mexico-City wurde der neuerliche Antrag des NOK der DDR vertagt: Die Vertreter der DDR hatten von der Alliierten Paßbehörde in Berlin-West erst nach Ende des Kongresses die Visa erhalten. Im September 1954 signalisierte IOC-Präsident Avery Brundage seine Bereitschaft zur Anerkennung eines zweiten deutschen NOKs, wenn es zur Bildung einer gesamtdeutschen Mannschaft käme. Auf der 50. IOC-Tagung im Juni 1955 in Paris wurde über den Antrag auf Anerkennung des DDR-Komitees mit 27 Ja-Stimmen, 7 Nein-Stimmen (darunter beide Vertreter der BRD) und 4 Stimmenthaltungen und der Festlegung über die Bildung einer gesamtdeutschen Mannschaft entschieden.

26. SEPTEMBER 1955
35 Jahre Hammer, Zirkel, Ährenkranz

Die Volkskammer beschließt das Gesetz über das Staatswappen und die Staatsflagge der DDR. Im Unterschied zur ebenfalls schwarzrotgoldenen Fahne der Bundesrepublik trägt diese nun Hammer und Zirkel im Ährenkranz. Im Westen wird sie als „Spalterflagge" denunziert. Am 31. Mai 1990 wird auf Antrag der DSU in der DDR-Volkskammer die Entfernung des Staatswappens an und in allen öffentlichen Einrichtungen und Gebäuden angeordnet.

29. SEPTEMBER 1955
Alleinvertretungsanspruch zementiert
In seiner Regierungserklärung formuliert Kanzler Adenauer den völkerrechtlichen Alleinvertretungsanspruch der Bundesrepublik für alle Deutschen. Die als *Hallsteindoktrin* (nach dem Staatssekretär Walter Hallstein benannt) in die Geschichte eingehende Politik soll verhindern, daß Drittstaaten völkerrechtliche Beziehungen zur DDR aufnehmen – die UdSSR ausgenommen. Für Zuwiderhandlung droht Bonn Gegenmaßnahmen an. Die Hallsteindoktrin gilt bis 1969, die Brandt-Scheel-Regierung hebt sie auf. Den Schlußpunkt unter die Entwicklung zur Überwindung der internationalen Isolierung der DDR setzt die gemeinsame Aufnahme von DDR und BRD in die UNO 1973.

JANUAR 1956
Amerikaner sind brennend an Vorgängen in der DDR interessiert
Vor dem Obersten Gericht der DDR wird gegen einige DDR-Bürger verhandelt, die – unabhängig voneinander operierend – für den amerikanischen CIC spioniert haben. Die CIC-Dienststelle Berlin-Zehlendorf, Clay-Allee 172, wird von Oberst „Frank" geleitet.

Unter den angeklagten Agenten sind Max H., zuletzt im Konstruktions- und Ingenieurbüro Berlin (KIB) tätig, der Elektriker im VEB Funkwerk Erfurt, Werner R., und die Sekretärin Eva H. Sie hatte bei der Landesregierung Brandenburg und beim Landesausschuß der Nationalen Front gearbeitet, später als 1. Sekretär der Vereinigung der gegenseitigen Bauernhilfe (VdgB) in Angermünde und zuletzt als Sachbearbeiterin beim Kulturbund Potsdam.

Max H. war Mitglied der SA und der SS gewesen. Im März 1951 folgte er einer Einladung seiner Schwester nach Westberlin und nahm dort mit dem Residenten des USA-Geheimdienstes „Winkler" Kontakt auf. H. stimmte einer Zusammenarbeit mit dem CIC zu. In den Jahren 1951 bis 1955 lieferte er Informationen über die Entwicklung der elektronischen Industrie, die Planung und den Bau von

Großsendern, den Großgerätebau, die chemische Industrie (darunter über Anlagen zur Herstellung von Pharmazeutika und Kunstfasern), entwendete Zeichnungen, Konstruktionserläuterungen sowie Protokolle über Werkleiterbesprechungen in seinem Betrieb. In Westberlin wurden sie fotokopiert und von H. wieder in das Büro zurückgebracht. Im Jahre 1951 wurde H. beauftragt, Kontakt zu Spezialisten und Wissenschaftlern aufzunehmen, die aus der Sowjetunion kamen, um diese abzuwerben. In drei Fällen gelang dies.

Zu den Spitzeldiensten des CIC gehörte der Auftrag an H., über eine möglichst große Anzahl aus der UdSSR zurückgekehrter Spezialisten Hinweise zur Person wie Charaktereigenschaften, persönliche Schwächen, politische Einstellung, fachliche Qualifikation und über deren politische Vergangenheit zu erkunden.

Der Elektriker Werner R. wurde im Juni 1951 über eine Arbeitskollegin aus Erfurt mit einer Westberliner Bürgerin bekanntgemacht. Als er sie während der III. Weltfestspiele in den Westsektoren besuchte, brachte diese ihn mit einem „Ballestrero" zusammen, für den er Hetzmaterialien in die DDR einschleusen sollte. Dies lehnte R. ab. Zu einem späteren Zeitpunkt brachte ihn „Ballestrero" mit dem CIC-Residenten „Winkler" in Verbindung. „Winkler" warb ihn für die Zusammenarbeit mit dem CIC und vereinbarte mit ihm den Decknamen „Schimke".

In den Jahren von 1951 bis 1955 lieferte R. Spionageinformationen aus dem VEB Funkwerk Erfurt, berichtete über die Produktionsziffern des Empfangs- und Senderöhrenbaus, über Rohstoff- und Materialengpässe, beschaffte Zeichnungen und Muster neu entwickelter Röhren, Protokolle von Arbeitsbesprechungen bei der Hauptverwaltung Rundfunk und Fernmeldetechnik (RFT). Er informierte über Exporte in die UdSSR, die VR China und die VR Polen und denunzierte westdeutsche Firmen, die trotz Embargos an die DDR lieferten. Außerdem charakterisierte er Spezialisten seines Werkes und warb weitere drei Spione für das CIC aus dem VEB Funkwerk an, darunter einen Abteilungsleiter, der später die DDR illegal verließ.

Eva H. wurde Mitte des Jahres 1950 beim Versuch, sich beim Westberliner Roten Kreuz Auskunft über den Verbleib ihrer früheren Lehrerin einzuholen, an den RIAS verwiesen. Dort kam sie mit „Dr. Euler" in Kontakt, der sie aufforderte, aus der DDR zu berichten. Dazu wurde sie an Frau Stein weitervermittelt. H. erhielt den Decknamen „Queck" und lieferte fortan Informationen aus dem Sekretariat der Nationalen Front Brandenburgs, über die Versorgungslage in Potsdam und später über die VdgB Angermünde.

Zur Jahreswende 1952/53 wurde sie durch Frau Stein an „Martin", einen Mitarbeiter des USA-Geheimdienstes, vermittelt. „Martin" beauftragte sie, Informationen militärischen Charakters zu sammeln und sich um eine Anstellung im Staatssekretariat für Staatssicherheit zu bemühen, wovon sie jedoch Abstand nahm.

Nach dem 17. Juni 1953 brach zunächst die Verbindung zum Geheimdienst ab. Als sie erneut Kontakt zu „Martin" bekam, wurde sie beauftragt, Möglichkeiten zum Aufbau von Agentenschleusen an der Staatsgrenze der DDR zu eruieren. Außerdem erhielt sie Kurieraufträge.

15. MÄRZ 1956
Gehlen wittert Kapitulanten und möchte die Bundesregierung stürzen

Bei einem Unter-Vier-Augen-Gespräch mit einem hochrangigen CIA-Verbindungsmann sucht General Reinhard Gehlen (US-Deckname „Utility") um ein Gespräch in Washington nach, um dort staatsstreichartige Pläne vorzustellen.

In Frankreich und Italien, so Gehlen, drohten Volksfrontregierungen. Auch in der Bundesrepublik sei die Lage angespannt. Die SPD, fürchtete der zuvor in Hitlers Generalstab für den Aufklärungsdienst „Fremde Heere Ost" zuständige Gehlen, könne sich mit Adenauer-Gegnern der nationalistischen Rechten zu einer neutralistischen Koalition verbünden. Eine derartige Regierung aber werde früher oder später dem Einfluß des Ostens erliegen. Falls es so weit komme, fühle er sich „moralisch berechtigt", alle denkbaren Gegenmaßnahmen zu ergreifen – „einschließ-

lich der Bildung eines illegalen Apparats in der Bundesrepublik zur Bekämpfung der deutschen Anhänger einer prosowjetischen Politik".
Im April 1956 wird Gehlen zum BND-Chef ernannt und bleibt bis 1968 im Amt. Er stirbt 1979.

22. APRIL 1956
Der Tunnel von Glienicke: der aufwendigste Bau des Kalten Krieges – und sein größter Flop

In einem Stollen in Alt-Glienicke in (Ost-)Berlin wird eine Abhörzentrale der Amerikaner entdeckt.
1945 haben die sowjetischen Truppen das faschistische Hauptquartier in Wünsdorf sowie Objekte im Raum des Flughafens Schönefeld besetzt. Ihre Kommandozentralen sind durch eine geheime Haupttelefon- und Telegrafenleitung mit der sowjetischen Kommandantur in Berlin-Karlshorst und der sowjetischen Botschaft in Berlin, Unter den Linden, verbunden. Sämtliche Telefongespräche dieser Objekte untereinander und mit der Zentrale in Moskau werden über diese Kabel geführt.
Unter dem Code „Operation Gold" begannen Spezialisten des amerikanischen und britischen Geheimdienstes an der Schönefelder Chaussee, nur wenige Meter vom Berliner Stadtteil Rudow entfernt, einen Spionagetunnel zu bauen. Er war auf einer Länge von 583 Meter vorgesehen und unterquerte in einer Tiefe von etwa 6 Metern die Staatsgrenze der DDR. Die Metallröhre, die den Stollen armierte, hatte einen Durchmesser von 2 Metern. Um den Erdauswurf zu tarnen, begannen die Amerikaner mit dem Bau einer Radarstation unmittelbar an der Staatsgrenze. In den großen Lagerhallen der Station wurden die Stahlsegmente montiert und die Erdmassen in Säcken gelagert. Der 18 Monate betriebene Bau des Spionagetunnels wurde vom amerikanischen Geheimdienst CIA finanziert. Er zählte zu den aufwendigsten Bauten, die damals zur Führung des Kalten Krieges errichtet wurden.
Am 10. April 1955 werden die Haupttelefonleitungen und Telegrafenhauptleitungen mit Hunderten Adern angezapft. Die amerikanische CIA und der englische SIS ahnen

nicht, daß der sowjetische Geheimdienst KGB bereits seit Ende 1953 über die Planung und den Bau des Spionagetunnels durch den sowjetischen Kundschafter Georg Blake, der im SIS als stellvertretender Leiter der Abteilung für technische Operationen tätig war, informiert ist. Die Frage, warum der sowjetische Geheimdienst die Existenz des Spionagetunnels fast ein Jahre duldet, beantwortet der SIS-Experte Ley: „Solange die alliierten Geheimdienste mit großem Engagement am Berliner Tunnel tätig waren, konnten sie nicht anderswo eingesetzt werden." Der KGB hat Zeit, sich auf eine zielgerichtete Desinformation der Amerikaner und der Engländer vorzubereiten. Als in den Hauptquartieren von CIA und SIS große Feiern zu Ehren der beförderten Geheimdienstspezialisten stattfinden, legteman in Moskau den Termin für Tunnelbesichtigungen auf den 22. April 1956 fest.

HERBST 1956
Der Kalte Krieg wird heiß

Nach dem XX. Parteitag der KPdSU im Februar 1956, auf dem Chruschtschow mit Stalin abrechnet, beginnt die sogenannte Tauwetterperiode. Diese löst unterschiedliche Entwicklungen aus, forciert aber auch den Kalten Krieg. Zwischen Januar und November 1956 treiben von Westen 8648 Ballons in die DDR, mit denen etwa 12 Millionen Flugblätter abgeworfen werden. Auf diesen wird zu Sabotage, Mord und Sturz der Regierung aufgerufen.
In Nahost verstaatlicht im Juli 1957 Ägypten den Suez-Kanal, was zu einer militärischen Intervention Frankreichs und Großbritanniens führt, Israel besetzt die Halbinsel Sinai und den Gazastreifen. Der zweimonatige Krieg im Oktober/November endet aufgrund des diplomatischen Drucks der USA und der UdSSR und der Entsendung einer UN-Friedenstruppe.
In Ungarn interveniert die Sowjetunion militärisch, nachdem die innenpolitische Entwicklung die Gefahr heraufbeschwor, daß Budapest aus dem östlichen Bündnis ausscheren könnte. Die massive Unterstützung von außen läßt die Demokratie-Bewegung zu einem konterrevolutionären

Putsch werden. Dazu Franz-Josef Strauß: „Die USA hätten in Ungarn einmarschieren müssen."

2./3. NOVEMBER 1956
Sorge wegen möglicher Unruhen in der DDR
Auf der Volkskammersitzung gibt Otto Grotewohl eine Regierungserklärung ab, in der er die Politik der DDR und ihre Stellung zu den internationalen Ereignissen und Entwicklungen darlegt. Er prangert die Versuche an, in der DDR konterrevolutionäre Unruhen auszulösen und diese dann als Vorwand für Aggressionshandlungen zu benutzen. Die Regierungserklärung wird von allen Fraktionen der Volkskammer gebilligt. Im Namen der Fraktion der SED ruft Walter Ulbricht dazu auf: „Sichert den Frieden im Innern! Sichert den Frieden nach außen! (...) Wachsamkeit gegen die Friedensstörer im Innern und nach außen!"

19. DEZEMBER 1956
Bares für Spitzelberichte
In einem Sonderrundschreiben des Deutschen Sportbundes werden finanzielle Hilfen von BRD-Ministerien bei Wettkämpfen mit DDR-Sportlern zugesichert, wenn die Verbände und Vereine ihren Abrechnungen Berichte beifügen, die sich nicht nur „auf die Angabe der äußeren Umstände wie Wettspielbericht oder Angabe der Resultate beschränken, sondern auch auf die sich bei dem Besuch ergebenden menschlichen Beziehungen" eingehen.

22. DEZEMBER 1956
Vier Jahre für einen vermeintlichen Überläufer
Otto John, Chef des Bundesverfassungsschutzes, kommt in die DDR. Später kehrt er in die Bundesrepublik zurück. Er wird dort zu vier Jahren Haft verurteilt. Die Umstände seiner Flucht in die DDR werden nie geklärt.

MÄRZ BIS MAI 1957
Botschaften, die vom Himmel fallen
Vom 8. März bis 6. Mai 1957 werden per Heißluftballon 5,5 Millionen Flugblätter auf DDR-Gebiet gestreut.

1957

FRÜHJAHR 1957

Wirtschaftskrise im Inland, weil im Ausland die Rohstoffpreise steigen

Die DDR befindet sich erneut in einer schwierigen wirtschaftlichen Lage. Das ist u.a. die Folge von Störungen in den ökonomischen Beziehungen zwischen den sozialistischen Ländern, die auch aus den Ungarn-Ereignisssen im Herbst 1956 resultieren. Rohstoff-Lieferungen für die Industrie bleiben aus. Es fehlen Steinkohle, Koks, Walzstahl, Buntmetalle und Rohstahl. Auf dem Weltmarkt sind die Preise für Rohstoffe gestiegen, was wiederum Folge des Krieges gegen Ägypten ist.

29. JULI 1957

Bonn will auch Ostdeutschland in die NATO einbinden

Die Bundesregierung und die drei Westmächte verabschieden eine „Berliner Erklärung zur Wiedervereinigung", in der die Forderung nach einem in die NATO integrierten Gesamtdeutschland erhoben wird.

Zwei Tage zuvor hatte die DDR-Regierung einen Plan zur Bildung einer deutsch-deutschen Konföderation vorgeschlagen.

10. OKTOBER 1957

Bonn bricht mit Jugoslawien wegen DDR-Anerkennung

Die Bundesregierung bricht die diplomatischen Beziehungen zur Föderativen Volksrepublik Jugoslawien ab. Sie reagiert damit auf die Aufnahme diplomatischer Beziehungen zwischen Jugoslawien und der DDR, die sie als unfreundlichen Akt verurteilt. Zum ersten Mal wird die Hallstein-Doktrin auch praktisch angewandt.

15. OKTOBER 1957

600 Millionen DDR-Mark im Westen – die DDR tauscht die Scheine

Banknoten der DDR, die seit 1948 im Umlauf sind, werden unangekündigt umgetauscht. Es befinden sich etwa

600 Millionen Mark außerhalb des Währungsgebietes der DDR. Diese Geldbestände werden durch die Umtauschaktion über Nacht wertlos, den Spekulanten ist für eine bestimmte Zeit der Boden entzogen. Die durch Schiebergeschäfte und Währungsmanipulation nach Westberlin und in die Bundesrepublik geflossenen Gelder stellen bis dahin eine ernstzunehmende Gefahr für die Wirtschaft der DDR dar. Unter den Bedingungen der offenen Grenzen können mit ihnen Erschütterungen im Währungssystem der DDR hervorgerufen und die Versorgung der Bevölkerung empfindlich gestört werden.

NOVEMBER 1957
Machtkampf in der SED-Spitze als Folge des Drucks von außen
Ernst Wollweber, seit 1954 Minister für Staatssicherheit, tritt „aus gesundheitlichen Gründen" von seiner Funktion zurück. Honecker erklärt 1990 dazu, Wollweber wollte „einen Teil der Mitarbeiter abbauen, ungefähr 10000 Leute. Er fand dabei großen Widerspruch bei Walter Ulbricht und bei Otto Grotewohl. Das war mit einer der Hauptgründe für die Ablösung von Wollweber. Damals, in einer Zeit des zugespitzten Klassenkampfes, fand man es unerhört, Mitarbeiter des Ministeriums in einem größeren Umfange abzubauen."
Am selben Tage wird Erich Mielke Minister, er sollte es 32 Jahre bleiben.
Auf der nachfolgenden 35. ZK-Tagung im Februar 1958 werden Karl Schirdewan, Gerhart Ziller und Ernst Wollweber aus dem ZK der SED ausgeschlossen. Die „Fraktion" um Karl Schirdewan hätte den Führungsstil des Ersten Sekretärs des ZK der SED kritisiert und Reformen, die sich gegen die Linie Walter Ulbrichts richteten, verlangt. Angeblich seien sie für die „Einheit Deutschlands um jeden Preis" gewesen, heißt es zur Begründung.
Diese parteiinternen Auseinandersetzungen, denen noch weitere Spitzenfunktionäre zum Opfer fallen, sind unmittelbare Folge der internationalen Krise. Insofern sind Janka, Just, Vieweg, Harich, Havemann u.a. auch Opfer des Kalten Krieges und des Kreuzzuges gegen die DDR.

1957

Zwei Agentenführer der Amerikaner vor Gericht
In einem Strafverfahren vor dem Obersten Gericht der DDR gegen zwei Agentenführer des CIC werden die Angriffe gegen die Volkswirtschaft deutlich. „Die Dienststelle Walters befaßte sich vorwiegend mit aktiver Kriegsvorbereitung und der Organisierung von Sabotage- und Diversionsakten", heißt es im Urteil. „Walter stammt von deutschen Eltern ab, sein Vater, Freiherr von Walter, war Major und Rittergutsbesitzer. Er selbst trat mit 18 Jahren in die amerikanische Armee ein, war Freiwilliger im Korea-Krieg und erwarb besondere Erfahrungen bei der Durchführung von Sprengstoffanschlägen."
Der in diesem Verfahren Angeklagte W., einer der CIC-Agentenführer der Dienststelle des Walter, war im Herbst 1953 durch Vermittlung über die Detektei Blank alias Falk mit dem CIC in Verbindung gekommen. W. war von Walter beauftragt worden, vorzugsweise ehemalige NSDAP-Mitglieder für den Geheimdienst zu rekrutieren, da diese „bewährte Kämpfer gegen den Bolschewismus" seien. Der von W. im Jahre 1956 geworbene Westberliner Bürger Hans F. wurde später ebenfalls Agentenführer des CIC und unterhielt ein Netz von 30 Agenten, die vorwiegend zur Wirtschaftsspionage gegen die optische Industrie in Jena eingesetzt waren.
Der von W. geworbene DDR-Bürger Walter H., vormals Mitglied der NSDAP, war zu einer wöchentlichen Berichterstattung aufgefordert worden und überbrachte Informationen über Materiallieferungen an das Ölwerk Pirna-Herrenleithe, über Sprengstofflieferungen an das Sprengstoffwerk in Goes, Baustoff- und Benzinlieferungen an das Institut für Werkstoffprüfung der Luftfahrtindustrie in Pirna-Sonnenstein, Kohlelieferungen an die Deutsche Handelszentrale Pirna, Warenlieferungen an das Zentrallager der Handelsorganisation (HO) und Konsum sowie an Einheiten der Nationalen Volksarmee in Prossen. Ein gewisser T., der von „Dr. Ross" für den USA-Geheimdienst geworben wurde, lieferte Informationen über innerbetriebliche Vorgänge des Laboratoriums für Hochfre-

quenztechnik und Ultraschall. Aus seiner Arbeitsstelle, dem Wissenschaftlich-Technischen Büro für Gerätebau (WTBfG), übermittelte er 18 strenggeheime Forschungsaufträge.

20. MÄRZ 1958
Konföderationsangebot abgelehnt
Der Bundestag in Bonn lehnt Vorschläge der DDR-Regierung zu Verhandlungen der beiden Regierungen mit dem Ziel der Bildung einer Konföderation ab.

20. MAI 1958
Belgisches Flugzeug dringt in den Luftraum ein
Ein belgischer Aufklärer vom Typ RF-84 wird in Ribnitz-Damgarten nach unerlaubtem Eindringen in den Luftraum der DDR zur Landung gezwungen.

29. MAI 1958
DDR-Luftraum verletzt
Eine RF 84F der 42. NATO-Aufklärungsstaffel verletzt den Luftraum der DDR und wird östlich von Lübeck zur Landung gezwungen.

7. JUNI 1958
Verflogen?
Bei Frankenberg, landet ein Hubschrauber der US Army. Unter den neun Militärangehörigen ist auch der Stabschef der Artillerie der 3. US-Panzerdivision.

23. JUNI 1958
Brandanschlag auf ein Wahrzeichen
Zwei Jugendliche setzen im Auftrag einer Westberliner Organisation die Seebrücke in Heringsdorf in Brand. Sie wird völlig zerstört, ein geplanter Sprengstoffanschlag auf das FDGB-Ferienheim „Solidarität" jedoch verhindert.

4. OKTOBER 1958
Nazirichter verurteilt drei DDR-Bürger
Der 3. Senat des Bundesgerichtshofes verurteilt drei Ge-

werkschafter aus der DDR zu Gefängnisstrafen, weil sie in der BRD Gespräche geführt haben. Der Richter war während der Nazizeit an der Verhängung von 118 Todesurteilen gegen Dänen beteiligt.

HERBST 1958
Einmischung als Verfassungsauftrag der Medien
Entsprechend der Präambel des Bonner Grundgesetzes gilt für alle Bürger und Institutionen, darauf hinzuwirken, daß „das deutsche Volk in freier Selbstbestimmung seine Einheit wiedererlangt". Maßstab dafür ist die Grundordnung mit den Besitz- und Machtverhältnissen der Bundesrepublik. Daher sollen die elektronischen Massenmedien, auch unabhängig von den Kampagnen des Kalten Krieges, tagtäglich ihre fast unbegrenzten Reichweiten auf gleichem Sprachgebiet nutzen, um als „dritter Partner zwischen Volk und Regierung" im Osten mitzureden. Dies wird durch spezielle Hörfunk- und Fernsehsendereihen im Herbst 1958 verstärkt.

Es beginnen die Reihen „Die rote Optik" sowie „Diesseits und jenseits der Zonengrenze". Bildmaterial und Nachrichten aus der DDR werden neu zusammengestellt und kommentiert. Eine Methode, die Karl-Eduard von Schnitzler beim DDR-Fernsehen in seinem „Schwarzen Kanal" perfektioniert. Daraufhin startet Anfang 1968 bei der ARD das neue Magazin „Kontraste" mit dem Untertitel „Ein Ost-West-Magazin", und im Januar 1969 geht das „ZDF-Magazin" mit Gerhard Löwenthal auf Sendung, der 19 Jahre lang in 585 Sendungen als „Rechtsaußen" unter den dortigen Journalisten wirkte.

Löwenthal (1922-2002) war zunächst beim RIAS tätig, wurde 1954 stellvertretender Programmdirektor beim Sender Freies Berlin und ging nach einem Auslandseinsatz zum ZDF. Er hatte beim Bundesnachrichtendienst BND die V-Nr. 56241 mit dem Decknamen Loeben und galt dem Geheimdienst als intensive Verbindung der Kategorie I.

Er selber sagte: „Was mich im ‚ZDF-Magazin' in besonderer Weise beschäftigen sollte, war die sogenannte neue Ostpolitik von Bahr und Brandt, die den Westen weitgehend einschläferte und zur Expansion des sowjetischen Imperialismus in den siebziger Jahren führte."

1958
Falsche Weichenstellung
Wegen des dringenden Verdachts schädigender Tätigkeit werden Ermittlungsverfahren gegen zwei leitende Angestellte der Vereinigung Volkseigener Betriebe (VVB) Feuerfeste Industrie und Glas eingeleitet. Sie hatten 166 Millionen Mark Investgelder des Industriezweiges fehlgeleitet und dafür gesorgt, daß bestimmte Zulieferungen nicht aus Ungarn und der CSR bezogen wurden. Nutznießer war ein BRD-Zulieferer, und die DDR geriet in dauerhafte Abhängigkeit.

Einige Personen hatten einen Anschlag auf einen Schacht des Marx-Engels-Kaliwerkes in Unterbreitbach vorbereitet. Das Werk gehörte vor 1945 zum Wintershall-Konzern. Stollen führten unter der Staatsgrenze hindurch und war deshalb besonders gesichert. Sie waren aber auch aus anderen Gründen abgedichtet worden – um den Einbruch von Lauge in die Schachtanlage zu verhindern. Diese Mauern sollten gesprengt werden. Die Täter hatten bereits Spezialbohrmaschinen, Sprengstoff, elektrische Einrichtungen und anderes Material in einer in der Nähe von Hattorf (BRD) gelegenen abgebauten Strecke deponiert. Der Anschlag konnte verhindert und die Täter festgenommen werden.

FEBRUAR 1959
Düsenjet abgestürzt, und der BND war dabei
Während eines Probefluges am 4. Februar 1959 stürzt die B-152, das erste Düsenpassagierflugzeug Deutschlands, bei Ottendorf-Okrilla im Bezirk Dresden ab. Dabei kommt die vierköpfige Mannschaft ums Leben.
Fünf Jahre zuvor waren die ersten deutschen Spezialisten aus der UdSSR zurückgekehrt, die nach 1945 durch die sowjetischen Behörden dort zur Arbeit verpflichtet worden waren. Unter diesen Fachleuten war der Flugzeugkonstrukteur Prof. Baade. Er wurde mit dem Aufbau einer Flugzeugindustrie im Bezirk Dresden beauftragt. 1956

begann der Bau des sowjetischen Passagierflugzeuges „Iljuschin 14" (IL 14) in Lizenz. Parallel dazu wurde das erste Düsenpassagierflugzeug Deutschlands entwickelt und nach vier Jahren Bauzeit am 4. Dezember 1958 erfolgreich erprobt. Die Entwicklung erfolgte unter erheblichem Zeit- und Konkurrenzdruck. Die entscheidende Frage lautete: Würde, da der westliche Markt für die DDR verschlossen ist, der Verkauf des Flugzeuges an die UdSSR den Einsatz immenser Investitionen rechtfertigen? Die von der UdSSR signalisierten Optionen ließen das hoffen.

Die mit der Aufklärung der Absturzursachen befaßte Staatliche Untersuchungskommission gibt am 12. März 1959 ihren Bericht und nennt als wesentliche Ursachen für den Absturz den zu schnellen Sinkflug aus 6000 m Höhe, der zu Schäden an den Treibstofftanks geführt habe.

Das MfS war eingeschaltet worden, um im Zusammenwirken mit Experten zu klären, woher der ein Kilo schwere Magnet stammte, der im Trümmerfeld der Absturzstelle gefunden wurde und nicht der Ausrüstung der abgestürzten Maschine zuzuordnen war. Dieser Umstand kann nicht zweifelsfrei geklärt werden. Nach Feststellung der Staatlichen Untersuchungskommission soll der Magnet aber keinen erkennbaren Einfluß auf den Hergang der Flugzeugkatastrophe gehabt haben.

In einer Dokumentation des MDR, in den 90er Jahren, wird jedoch eingeräumt, daß es beim Bau der B-152 Sabotage gab. Angeführt werden die Zerstörung von Geräten und der Diebstahl von Teilen. Das konnte, wie es heißt, das Projekt zwar nicht ernsthaft gefährden, aber verzögern allemal.

Unerwähnt hingegen bleibt, daß es dem MfS gelang, in jener Zeit den Technischen Direktor des VEB Entwicklungsbau Pirna – Hersteller für Triebwerke – als BND-Spion zu entlarven. G. hatte geheime Dokumente über den Flugzeugbau in der UdSSR und den Aufbau einer Flugzeugindustrie in der DDR an seine Auftraggeber in Pullach geliefert und in deren Auftrag umfangreiche Sabotage im Fachbereich Triebwerksbau durchgeführt.

G. war vor 1945 in der deutschen Flugzeugindustrie tätig und zeitweise in der Sowjetunion eingesetzt. Nach der

Niederschlagung des Faschismus wurde er von der sowjetischen Besatzungsmacht interniert und in der UdSSR als Spezialist im Flugzeugbau eingesetzt. Er kopierte Unterlagen der sowjetischen Luftfahrtindustrie, darunter Konstruktionsunterlagen für das sowjetische Militärflugzeug vom Typ „Iljuschin 28" (IL 28) auf ca. 30 Kleinbildfilmen. Diese versteckte er in Tisch- und Stuhlbeinen sowie in Teilen seiner Schlafzimmermöbel, mit denen er in den 50er Jahren in die DDR zurückkehrte. Als Technischer Direktor und Chefkonstrukteur im VEB Entwicklungsbau Pirna dokumentierte er mit einer Spezialkamera alle ihm zugänglichen Unterlagen. Beruflich reiste er auch in die Bundesrepublik, wo er persönlichen Kontakt zum BND hatte. Durch G. war der BND über den Entwicklungsstand des ersten deutschen Passagierflugzeuges mit Strahltriebwerken unterrichtet. G. erhielt Weisung, alles zu unternehmen, um die Entwicklung der DDR-Flugzeugindustrie zu drosseln und dafür Sorge zu tragen, daß die B-152 keinesfalls im Frühjahr 1959 zur Messe nach Leipzig fliege. Gegen alle Einwände von Fachleuten ließ G. Versuche an Strahltriebwerken durchführen, die zu schweren Havarien führten. Seinen Auftraggebern in Pullach teilte er mit, daß es trotz seiner Bemühungen nicht gelingen würde, die Fertigstellung des Flugzeuges bis zur Frühjahrsmesse zu verhindern. Für ihn bestünde die Gefahr, bei Fortsetzung der Sabotage enttarnt zu werden.

Monate nach dem Absturz fährt er mit seinem PKW nach Westberlin und hat umfangreiches Spionagematerial – Forschungsunterlagen auf Kleinbildfilmen – bei sich. Auf dieser Fahrt zu einem Treff mit seinen Auftraggebern erfolgt die Festnahme von G. und die Beschlagnahme des Beweismaterials.

Das Politbüro des ZK der SED beschließt am 28. Januar 1961, den Flugzeugbau in der DDR einzustellen. Die UdSSR ist an den Maschinen nicht mehr interessiert, da sie selbst ausreichend produzieren würde. Damit geht der wichtigste potentielle Markt der DDR für diese Maschinen verloren.

1959

23. MÄRZ 1959
Aufgeflogen und verurteilt

Dem MfS gelingt es 1959, mehrere Agenten der CIA und des BND unschädlich zu machen.

Am 23. März wird Erich K., Landmaschinenschlosser im VEB Bodengeräte Leipzig, verhaftet. Zu den Enttarnten gehören Walter H., Hafenarbeiter bei den Vereinigten Seehäfen Rostock, und Franz B., Diplomphysiker am Institut für Physik an der Hochschule für Elektrotechnik in Ilmenau.

Erich K. war im Mai 1955 brieflich von einem ehemaligen Arbeitskollegen, der die DDR illegal verlassen hatte, nach Westberlin eingeladen worden. Er sei in der DDR für den USA-Geheimdienst tätig gewesen und wolle K. als Nachfolger gewinnen. K. unterschrieb im Januar 1956 eine Verpflichtung, erhielt den Decknamen „König" und fortan ein monatliches Fixum von 110 DM. Die monatlichen Treffs (insgesamt 36) fanden in Westberlin statt. K. lernte dabei acht Agentenführer kennen.

Er lieferte Informationen über ein Reparaturwerk für militärische Ausrüstung der Sowjetarmee in Lindenthal bei Leipzig und sollte seinen im VE Kombinat „Otto Grotewohl" Böhlen tätigen Vater anwerben, der Angaben über Treibstofftransporte liefern sollte. K. berichtete aus dem Umfeld des Kombinates Espenhain und erkundete parallel acht Objekte und drei Übungsplätze der NVA und der Sowjetarmee im Raum Leipzig und fertigte dazu ca. 150 Skizzen an. Auftraggemäß legte er in Leipzig und an der Autobahn Berlin-Nürnberg elf Tote Briefkästen mit Sicherungszeichen an. Als er am 23. März 1959 ein in einem dieser Briefkästen hinterlegtes und für ihn bestimmtes Funkgerät mit Zusatzgeräten, Unterlagen für den Funkverkehr und Funktabellen sowie eine Funkanweisung für den Kriegsfall abholt, wird er festgenommen.

27. MÄRZ 1959
Luftabwehr getestet

An diesem Tag dringen 13.30 Uhr bei Salzwedel, 14.35 Uhr bei Meiningen und 16.40 Uhr bei Eisenach US-Flugzeuge in den Luftraum der DDR ein. Die dritte Maschine muß bei Eisenach notlanden.

26. JUNI 1959
Bundesluftwaffe verletzt DDR-Lufthoheit
Zwei Jagdbomber F-84 der Bundesluftwaffe verletzen im Raum Nordhausen die Lufthoheit der DDR.

JULI 1959
Französischer Geheimdienst ist ebenfalls aktiv
Auf einer Pressekonferenz in der DDR-Hauptstadt berichten übergelaufene Agenten des französischen Geheimdienstes über die Aktivitäten der *Sureté* gegen die DDR, insbesondere über die Abschöpfung von DDR-Flüchtlingen im Lager Berlin-Marienfelde durch gezielte, teils erpresserische Befragungen.

OKTOBER 1959
Bonn präzisiert seine Pläne für die sogenannte DDR
Die Bundesregierung gibt die 5. „und völlig neu bearbeitete Auflage" des Buches „Deutschland heute" mit einem Geleitwort von Bundeskanzler Adenauer heraus. Über die Zukunft der DDR heißt es dort: Die sozialistische Planwirtschaft der DDR soll „in eine im Grundsatz marktwirtschaftliche Ordnung überführt werden". In den volkseigenen Betrieben „sind gewisse Änderungen in ihrer rechtlichen Stellung und wirtschaftlichen Führung erforderlich (...) Auf jeden Fall müssen die früheren rechtmäßigen Eigentümer angemessen entschädigt werden."
„Der staatliche Großhandel soll nach der Wiedervereinigung liquidiert, die staatlichen Einzelhandelsgeschäfte sollen in nichtstaatliche umgewandelt werden (...) Auf alle Fälle sind die staatlichen und sonstigen systembedingten Außenhandelsorgane der jetzigen sogenannten DDR aufzulösen und auch auf dem Gebiete des Außenhandels so rasch wie möglich marktwirtschaftliche Bedingungen herzustellen."
„An die Stelle des zentralisierten, staatlich gelenkten Bankapparates der Deutschen Notenbank (...) sollen Ban-

ken treten, welche die mitteldeutsche Wirtschaft bei der Anpassung an die neuen Marktverhältnisse wirksam unterstützen können."

1959
Dunkle Wolken im sozialistischen Frühling auf dem Lande
In der Landwirtschaft der DDR, insbesondere in den LPG, nimmt die Tiersterblichkeit erheblich zu, was nicht ausschließlich auf fehlende Sauberkeit und Ordnung in den Stallungen zurückzuführen ist. Sie steigt vom 1. Halbjahr 1959 im Vergleich zum 2. Halbjahr 1959 auf 148 Prozent. Im Jahre 1960 verenden 4,6 Prozent des Gesamtbestandes an Rindern, 15,1 Prozent des Schweinebestandes – darunter ein Drittel aller Ferkel – und 5,5 Prozent der Schafe.
Im November 1959 wird gegen den Schäfermeister der LPG Hamma/Höpen ein Ermittlungsverfahren eingeleitet. Er hat eine Herde von 400 Karakulschafen, die eigens zur Aufzucht importiert worden war, bis auf wenige Tiere verenden lassen. Der Schaden für die LPG beträgt 100 000 Mark.
In einem anderen Falle hat ein Brigadier für Tierzucht den TBC-freien Rinderbestand mit TBC-behafteten Tieren vermischt und dadurch den gesamten Rinderbestand verseucht.

27. JANUAR 1960
Zurück an Empfänger
Bundeskanzler Adenauer läßt einen Brief Walter Ulbrichts vom 23. Januar mit dem Vorschlag einer Volksabstimmung über Abrüstung und einen Friedensvertrag ungeöffnet zurückgehen.

1. FERUAR 1960
Angriff auf die Südflanke
Im grenznahen Raum zur DDR findet bis zum 7. Februar die Truppenübung „Winterschild I" statt. 6500 Soldaten der Bundeswehr und der US Army proben den Angriff auf die Südflanke der DDR mit simuliertem Einsatz von Kernwaffen.

1960

18./28. FEBRUAR 1960
Zoff um Olympia
Im Vorfeld der Teilnahme der gemeinsamen deutschen Mannschaft äußert Bundeskanzler Adenauer, die schwarz-rot-goldene Flagge mit den olympischen Ringen sei „mit unserer nationalen Würde unvereinbar" und droht mit Konsequenzen gegen die unter der „Phantasiefahne" antretenden Sportler. In einem Gespräch mit Sportfunktionären der BRD im August 1960 äußert Adenauer, daß er Sportkontakte grundsätzlich für „verdächtig" halte.

ENDE MÄRZ 1960
Piratenakt im Mittelmeer
Vor Gibraltar wird von US-Kriegsschiffen der griechische Frachter „Marta" aufgebracht, der 6700 Tonnen Borerz für die DDR geladen hat. Der für die Glas-, Keramik- und Pharmaindustrie benötigte Rohstoff ist über einen griechischen Zwischenhändler in der Türkei gekauft worden. Die Ladung wird unter Hinweis auf die geltenden Embargobestimmungen beschlagnahmt und Mitte 1961 mit der Maßgabe freigegeben, sie an ein NATO-Land zu verkaufen. Der DDR gehen 1684154 Valutamark verloren, da die Lieferung bezahlt ist; ferner gibt es einen Produktionsausfall in Höhe von 2.357.700 Mark. Die Folgekosten liegen bei über 15 Millionen Mark.
Der Hinweis auf den Transport kam von einem leitenden Mitarbeiter des Staatlichen Komitees für Materialversorgung der DDR, der seit 1952 für die CIA arbeitet. Diese Quelle wird erst zu Beginn der 70er Jahre entdeckt. In der Summe stellen seine in über 20 Jahren gelieferten Informationen den schwerste Verratsfall in der DDR-Volkswirtschaft dar.

13. APRIL 1960
Ein halbes Tausend Zwischenfälle an der Grenze – in einem Quartal
Auf einer Pressekonferenz in Berlin wird mitgeteilt, daß von Januar bis März 520 Zwischenfälle an der Grenze von BRD-Seite verursacht worden seien.

1960

20. MAI 1960
Und mal über die Ostsee
Bei Kühlungsborn dringt 12.44 Uhr ein Flugzeug der US-Streitkräfte in den DDR-Luftraum ein. 13.00 Uhr wird die Maschine von sowjetischen Jägern bei Klütz zur Landung gezwungen.

MAI 1960
Pariser Gipfel zu Deutschland geplatzt
Im Raum Swerdlowsk schießt die sowjetische Luftabwehr ein amerikanisches Spionageflugzeug vom Typ Lockheed U2 ab. Damit scheitert der Pariser Gipfel der vier Siegermächte, bei dem über einen Friedensvertrag mit Deutschland und die Lösung der (West-)Berlinfrage diskutiert werden sollte.

31. MAI 1960
Bislang 407 politische Häftlinge in der Bundesrepublik
Das Komitee zum Schutz der Menschenrechte in Berlin teilt mit, daß seit Anfang 1960 in der Bundesrepublik 89 DDR-Bürger unter dem Vorwand inhaftiert worden wären, sie hätten gesamtdeutsche Gespräche führen wollen. Die Zahl der aus politischen Gründen in der Bundesrepublik bei Reisen verhafteten DDR-Bürger steigt damit auf 407.

27. JUNI 1960
Ostberliner in Westberlin verknackt
Der 17jährige Reichsbahnangestellte Kubert aus der DDR wird bei Ausübung seines Dienstes auf dem S-Bahnhof Staaken von Westberliner Polizei-Beamten verhaftet und danach in der Justizvollzugsanstalt Berlin-Moabit drei Monate festgehalten. Man wirft ihm vor, die Sicherheitsorgane der DDR unterstützt zu haben.

30. JUNI 1960
SPD knickt mal wieder ein. Diesmal aber richtig
Im Bundestag schwenkt die SPD auf die außen- und militärpolitischen Positionen der CDU/CSU ein, nachdem sie

sich im November 1959 auf dem Parteitag in Bad Godesberg ein neues Programm gegeben hat. Darin tilgt sie marxistische Positionen, um sich bürgerlichen Kreisen zu öffnen.
Während der 9. Mannheimer Dokumentarfilmwoche, zu der auch DDR-Teilnehmer eingeladen sind, sollen die DEFA-Filme „Du und mancher Kamerad" und „Tagebuch der Anne Frank" laufen. Die Filme werden „aufgrund einer ministeriellen Anweisung aus Bonn", wie OB Dr. Hans Reschke erklärte, aus dem Programm genommen.

22. SEPTEMBER 1960
Nicht erwünscht
Der Regierende Bürgermeister von Berlin/West, Willy Brandt, verbietet den Start von DDR-Leichtathleten beim ISTAF. Die Verweigerung der Einreise von DDR-Sportlern in die NATO-Staaten ist an der Tagesordnung. Seit 10. September müssen alle DDR-Bürger vor Reisen in NATO-Staaten beim Alliierten Reiseamt in Westberlin eine Genehmigung beantragen.

30. SEPTEMBER 1960
Bonn kündigt innerdeutschen Handel auf
Die Bundesregierung beschließt, das Abkommen über den innerdeutschen Handel und alle Zusatzvereinbarungen zum 31. Dezember 1960 zu kündigen. Diese waren erst am 16. August 1960 zwischen Beauftragten der DDR und der BRD geschlossen worden. Da diese Abkommen jedoch auch den Handel mit Westberlin tangieren, müssen sie am 29. Dezember wieder in Kraft gesetzt werden. Fortan gilt jedoch eine „Vorbehaltklausel", die es der Bundesregierung gestattet, Lieferungen von Stahl, Chemikalien und Komplettierungsmaterial zu sperren.
In diesem Zusammenhang muß festgestellt werden, daß der innerdeutsche Handel, der dem Ausgleich der geschichtlich gewachsenen strukturellen Verschiedenheiten dient, durch bestimmte Kreise der BRD von Anfang an für den Kalten Krieg instrumentalisiert wird. Die hauptsächlich verarbeitende Industrie der SBZ/DDR ist auf die Lieferungen von Roheisen, Walzstahl, Steinkohle, Koks u.a.

aus Westdeutschland existentiell angewiesen. Der innerdeutsche Handel erreichte bis 1950, vor allem auch als Ergebnis der separaten Währungsreform in den Westzonen und Westberlin, nicht einmal 10 % des Umfangs der zwischen beiden Wirtschaftsgebieten vor dem Zweiten Weltkrieg durchgeführten Lieferungen. Im Spätsommer 1951 verboten die Hohen Kommissare und die Regierung der BRD die bereits vereinbarten Lieferungen von Blechen und anderen Walzwerkserzeugnissen, was die DDR an einer ihrer empfindlichsten Stellen traf. Am 30. September 1960 kündigt die Bundesrepublik das seit 1951 laufende Handelsabkommen mit der DDR, was besonders den Ausfall von zahlreichen Zulieferprodukten – u.a. Sonderstähle, Normteile, spezifische Chemikalien – für die verarbeitende Industrie zur Folge hat und wovon ganze Produktionszweige abhängig sind. Mehr noch. Der innerdeutsche Handel ist in mancher Hinsicht selbst ein Faktor, der mit ökonomischen Verlusten für die DDR und mit wirtschaftlichem Gewinn für die BRD verbunden ist. In einem Gutachten des Instituts für Wirtschaftsforschung Hamburg (HWWA) für den Schalck-Untersuchungsausschuß des Deutschen Bundestages heißt es im Zusammenhang mit der Darlegung der Probleme der DDR beim Westhandel: „Die DDR reagierte darauf in zweifacher Hinsicht. Sie richtete ganze Exportzweige extra für den Export in das NSW ein, und sie verkaufte ihre Produkte unter Wert, so daß mit einer gewissen Berechtigung festgestellt werden kann, daß die Beschäftigten der DDR ihren Beitrag zum relativen Wohlstand der BRD leisteten." Viele Angebote des westdeutschen Warenhaus- und Versandhandels bestehen aus Waren, die zur mittleren bis guten Qualität gehören, aber der DDR nur abgenommen werden, wenn sie der BRD zu besonders günstigen Preisen angeboten, also von der DDR unter Wert geliefert werden, z.B. Kühlschränke, Staubsauger, elektrische Rasierapparate.

Im Gutachten des HWWA, eines gewiß unverdächtigen Zeugen, heißt es deutlich klarstellend weiter:

„Der offizielle innerdeutsche Handel ging in Form von Verrechnungseinheiten vonstatten. Diese wurden zwar in einem für die DDR günstigen Währungsverhältnis von 1:1 abgewickelt, waren aber warengebunden. Dadurch war auch dieser Weg für den Erwerb von Devisen verschlossen. Hinzu kam, daß diese einseitige Bindung an die Bundesrepubklik es jener ermöglichte, Waren an die DDR über Weltmarktniveau zu verkaufen." Der sich später ausdehnende Verrechnungsverkehr „war für die DDR eher ein Nachteil, weil er die Erlöse auf dem größten und wichtigsten Westmarkt (BRD) ausschließlich für Käufe aus diesem Markt reservierte. Die zur Belieferung der DDR freigegebenen Marktordnungswaren hätte die DDR allerdings bei anderen EG-Partnern billiger, nämlich zu Weltmarktpreisen, erhalten können."

Im ersten Halbjahr 1951 betrug der Umfang der Lieferungen lediglich etwas mehr als 200 Mio. Mark; im zweiten Halbjahr sank er mit 9 Mio. Mark fast zur Bedeutungslosigkeit herab. Das fiel in die politisch zugespitzte Situation um den 17. Juni 1953. In der DDR wurden in bestimmten Abständen als Reaktion auf die subversive Intrumentalisierung des innerdeutschen Handels durch die BRD sogenannten Aktionen der „Störfreimachung" organisiert, weil deutlich wurde, daß diese Abhängigkeit nicht nur bei wichtigen Grundrohstoffen, sondern vor allem auch bei Hunderten von Erzeugnissen der Zulieferindustrie des Maschinenbaues, der chemischen Industrie und der Elektrotechnik bestand. Von einem kleinen Zulieferteil hing oftmals ganze große Produktionskomplexe ab. Es mußten also auf vielen Gebieten kurzfristig Notlösungen improvisiert werden, die oftmals um ein Vielfaches teurer waren und bei denen es sich häufig um minderwertige Ersatzlösungen handelte. Auch in diesem Komplex liegt eine der Hauptursachen für das Zurückbleiben der Wirtschaft der DDR gegenüber der BRD.

Gleichzeitig versucht die Bundesregierung, ein allgemeines Handelsembargo gegen die DDR und den Boykott der Leipziger Messe bei den NATO-Staaten durchzusetzen. Letzteres scheitert jedoch.

Die Aufkündigung der Handelsvereinbarungen trifft die DDR empfindlich. Sie gefährdet im erheblichen Maße die

Realisierung der eigenen Wirtschaftspläne. Die Volkswirtschaft der DDR ist noch immer eng mit der Wirtschaft der Bundesrepublik verflochten, die Abhängigkeit von Material- und Ausrüstungsimporten folglich beträchtlich. Störungen oder das Ausbleiben dieser Importe haben weitreichende Folgen.

1960

Anderthalb Hundert Spione aus dem Verkehr gezogen
Im Jahr 1960 werden in der DDR 147 Spione inhaftiert, darunter viele Geheimdienstagenten der USA.

14. FEBRUAR 1961

Schulstoff: Deutschland in den Grenzen von 1937
Im „Gemeinsamen Ministerialblatt" erscheint eine Richtlinie zur Sprachregelung bei allen in der BRD hergestellten Landkarten – auch für Schulbücher. Darin heißt es:
„Bei der Bezeichnung aller Orte innerhalb des Staatsgebietes sind grundsätzlich allein die hervorgebrachten deutschen Namensformen zu verwenden, auch soweit es gegenwärtig unter fremder Verwaltung steht." Für die Bezeichnung von Staaten und Verwaltungsgebieten wird angeordnet: „Die ostwärts der Oder-Neiße-Linie liegenden Gebiete in ihrer Gesamtheit als ‚deutsche Ostgebiete zur Zeit unter fremder Verwaltung', in Kurzform wieder als ‚deutsche Ostgebiete', im allgemeinen Sprachgebrauch als ‚Ostdeutschland'; das nördliche Ostpreußen als ‚deutsche Ostgebiete zur Zeit unter sowjetischer Verwaltung' oder ‚Ostpreußen zur Zeit unter sowjetischer Verwaltung'; das südliche Ostpreußen und die ostwärts der Oder-Neiße-Linie liegenden Teile von Pommern, Brandenburg, Schlesien und Sachsen als ‚deutsche Ostgebiete zur Zeit unter polnischer Verwaltung' (...) zu kennzeichnen. Entsprechend diesen Richtlinien sind auf allen Landkarten Bezeichnungen wie Deutsche Demokratische Republik (DDR), polnische Westgebiete, Gebiet Kaliningrad usw. als inkorrekt grundsätzlich zu vermeiden."
„Als Staatsgrenze Deutschlands ist bei allen Karten stets die Grenze des Deutschen Reiches nach dem Stand vom

31. Dezember 1937 darzustellen (...) Die Oder-Neiße-Grenze ist nicht als Staatsgrenze darzustellen."

12. MÄRZ 1961
Unerträgliche Hymne
Bei den Eishockeyweltmeisterschaften in der Schweiz gewinnt die DDR kampflos gegen die BRD-Mannschaft, die wegen Intervention aus Bonn nicht antreten darf. Man will sich dem Zeremoniell des Flaggehissens und Abspielens der Hymne der Siegermannschaft nicht aussetzen.

18. MÄRZ 1961
Eine Biege und dann die Fliege
Mehrere amerikanische Jagdbomber vom Typ F84 fliegen 13.43 Uhr südlich von Helmstedt in den Luftraum der DDR und 13.51 Uhr westlich von Meiningen wieder hinaus.

23.-26. MAI 1961
NATO-Streitkräfte proben Krieg in Europa
Bei der Kommandostabsübung „Shaper 61" wird die Überführung der Nato-Streitkräfte Europas in den Kriegszustand geprobt.

6. JULI 1961
Reprivatisierung der Industrie im Osten
Der Dritte Tätigkeitsbericht des „Forschungsbeirats für Fragen der Wiedervereinigung Deutschlands" wiederholt die bereits im Juni 1953 in einem Vortrag von Staatssekretär Thedieck erhobene Forderung nach Umwandlung der Wirtschaftsordnung der DDR in eine soziale Marktwirtschaft (Reprivatisierung der Industrie, Neuordnung des Geld- und Kreditwesens sowie des Marktapparates).
Dieser „Plan" findet am 7. Juli 1961 die Billigung der Bundesregierung.
Karl Heinz Roth, Mitbegründer der Stiftung für Sozialgeschichte des 20. Jahrhunderts, legte 1998 unter dem Titel „Wirtschaftspolitik als Anschlußplanung: Der Forschungsbeirat für Fragen der Wiedervereinigung Deutschlands und die Forschungsstelle für gesamtdeutsche wirtschaftliche

und soziale Fragen (1952-1993)" eine umfassende Dokumentation zu dieser Problematik vor. Trotz der 30jährigen Sperrfrist, die die bundesdeutsche Seite über die Akten zur Geschichte der beiden deutschen Staaten verhängt hat, förderte er aus den bis 1983/84 freigegebenen Akten Wesentliches zur Tätigkeit des Forschungsbeirates zutage. Roth schrieb dazu: „Er *(der Forschungsbeirat – d. Verf.)* verfügte von Anfang an über eine doppelte institutionelle Anbindung. Etatmäßig wurde er im weitverzweigten Archipel des Bundesministeriums für gesamtdeutsche Fragen angesiedelt und ‚geführt'. Politisch war er jedoch unmittelbar dem Bundeskabinett unterstellt.

Ihm sollte er – vermittelt durch einen schon im Januar 1952 gegründeten Interministeriellen Ausschuß für Fragen der Wiedervereinigung Deutschlands – kontinuierlich zuarbeiten. Dieses sollte auf doppelte Weise geschehen: Erstens durch die Vorlage von Empfehlungen zu wirtschafts- und sozialpolitischen Sofortmaßnahmen für den Tag X, an dem sich der Alleinvertretungsanspruch der Bundesrepublik als staatlicher Nachfolger des Deutschen Reichs tatsächlich auf das Gebiet der DDR ausdehnen würde, und zweitens durch die laufende Bilanzierung von Wirtschafts- und Arbeitskräftepotential sowie Sozialbudget der DDR, um parallel zu den Akutplanungen auch die langfristige sozialökonomische Einverleibung der DDR in die ‚marktwirtschaftliche Ordnung' der Bundesrepublik vorzubereiten.

Für diese Aufgaben wurden dem Forschungsbeirat alle im Bundesministerium für gesamtdeutsche Fragen zusammenlaufenden Wirtschafts- und Sozialdaten der DDR zur Verfügung gestellt. Zusätzlich beschafften sich die Westberliner Stellen des Forschungsbeirats direkt von dort ansässigen Frontverbänden des Kalten Krieges Informationen über die wirtschafts- und sozialpolitische Entwicklung ihres Untersuchungsgebiets.

Somit waren im Forschungsbeirat von Anfang an drei Hauptfunktionen vereinigt: Er fungierte als Auswertungszentrum für gegen die DDR gerichtete bundesdeutsche Wirtschaftsspionage, untersuchte die Wirtschafts- und

Sozialentwicklung der DDR mit Hilfe wirtschaftswissenschaftlicher Analyse- und Bilanzierungsverfahren und unterfütterte die Anschlußplanungen der Bundesregierung sowie der einschlägigen Ressorts mit seinen Grundsätzen und Handlungsempfehlungen. Der Forschungsbeirat war Datenauswertungszentrale, Wissenschaftsinstitution und Schaltstelle einer gegen die DDR gerichteten Politikberatung in einem."

Roth macht in der Dokumentation auch deutlich, daß die vom Forschungsbeirat angedachte Anschlußplanung „Mitteldeutschlands" nur die erste Etappe im Kampf um die Restauration des Deutschen Reiches darstellte. Nach deren Vollzug sollte die Rückgewinnung „Ostdeutschlands", also der Gebiete östlich der Oder-Neiße-Grenze, auf die Tagesordnung gesetzt werden. So überrascht es nicht, was Roth zur personellen Zusammensetzung des Forschungsbeirats feststellte: „Als Vorsitzender amtierte bis zum Sommer 1958 Friedrich Ernst, einstmals multifungibler Krisenmanager des ‚Dritten Reichs' und zu Beginn der 50er Jahre als Graue Eminenz der Adenauerschen Wirtschaftspolitik und als Aufsichtsratsvorsitzender des AEG-Konzerns geschätzt wie gefürchtet. Ernst stand einem Forscherkreis von fünf bzw. seit 1954 zehn Agrar- und Wirtschaftswissenschaftlern vor, von denen sich einige schon während der NS-Diktatur als Wirtschaftsberater und Technokraten der Besatzungsverwaltungen hervorgetan hatten. Über diesen Forscherkreis war der Forschungsbeirat mit führenden Westberliner und westdeutschen Wirtschaftsinstituten vernetzt."

9. JULI 1961

Alle Mittel, einschließlich des Schießkrieges

Die „Bonner Rundschau" kommentiert das systematische „Ausbluten" der DDR mittels Abwerbung, Schiebung und Schmuggel großen Stils und subversiver Aktivitäten unter Mißbrauch der offenen Grenze. Dies aber scheint ihr zur „Befreiung" der Sowjetzone noch nicht auszureichen. Das Blatt fordert darum, „alle Mittel des Krieges, des Nervenkrieges und des Schießkrieges anzuwenden. Dazu gehören nicht nur herkömmliche Streitkräfte und Rüstungen, sondern auch die Unterwühlung, das Anheizen des inneren Widerstandes, die Arbeit im Untergrund, die Zersetzung der Ordnung, die Sabotage, die Störungen von Verkehr und Wirtschaft, der Ungehorsam, der Aufruhr."

7.-23. AUGUST 1961
Hart am Wind
Die Bundesmarine absolviert in der Ostsee ihr Manöver „Wallenstein IV".

13. AUGUST 1961
Nun ist alles klar
Wirtschaftssabotage, Währungsspekulationen, die als „Grenzgängerei" bezeichnete illegale Fremdarbeit von mehr als 100000 Arbeitskräften aus der DDR in Westberlin, die gezielte Abwerbung von Wissenschaftlern, Ärzten, Lehrern und qualifizierten Facharbeitern sowie die vom Westen inspirierte und organisierte massenhafte „Republikflucht" fügen der Volkswirtschaft schweren Schaden zu. Groß war auch der politische Schaden. Deshalb entschließt sich die DDR gemeinsam mit und wohl auch im Auftrag von Moskau, ihre bis dahin offene Grenze zu Westberlin und zur Bundesrepublik zu schließen.
Die oftmals von westlicher Seite heruntergespielte Bedeutung des Zuflusses arbeitswilliger, hauptsächlich junger Menschen wird auch daran deutlich, daß die Bundesrepublik unmittelbar nach Schließung der Grenze durch die DDR 1961 die Anwerbung sogenannter Gastarbeiter auf der Grundlage staatlicher Vereinbarungen mit der Türkei, Italien, Spanien, Portugal u.a. begann; eine Ursache dafür, daß der Anteil ausländischer Bürger in der BRD heute sieben bis acht Millionen Personen beträgt und die Berliner Interimsarbeitssenatorin Schöttler am 30. Oktober 2001 den 40. Jahrestag des Abschlusses des ersten Anwerbeabkommens mit der Türkei in Berlin besonders würdigte. Die Schließung der Grenze liegt im Interesse der beiden Großmächte, damit sind die Verhältnisse endlich eindeutig geregelt. Die USA und die UdSSR sind nicht bereit, ihr

strategisches Macht- und Einflußgefüge, also den Status quo in Europa, durch einen Atomkrieg aufs Spiel zu setzen, nur weil es hinsichtlich der Deutschland- und Westberlinfrage keine beiderseitig annehmbaren politischen Lösungen gibt. Die Reaktion der USA und der anderen Westmächte auf den 13. August in somit auch Ausdruck ihrer strategischen Sicht, statt Atomkrieg das „kleinere Übel" hinzunehmen. Im August 1961 (und in der Zeit der „Kuba-Krise" des folgenden Jahres) wird deutlich, wo die Grenzen der Macht und des Durchsetzungsvermögens sowohl der USA als auch der Sowjetunion liegen.

Bestandteil des Wirtschaftskrieges gegen die DDR ist der Medienkrieg. Zunächst per Rundfunk, später besonders mittels Fernsehen, wird der „Westen" nicht nur als Ort vermeintlich uneingeschränkter Freiheit, sondern vor allem als Konsumparadies dargestellt. Das Werbefernsehen, so urteilen Experten, stellt eine größere subversive Sprengkraft für die DDR dar als alle politischen Sonntagsreden in Bonn. „Auf die meisten Ostdeutschen ... wirkte die Konsumseite der sogenannten freien Wirtschaft bei Verwandtenbesuchen und im Werbefernsehen ziemlich makellos", konstatiert später Günter Gaus.
Die Mehrzahl derer, die aus der DDR abwandern – allein 1961 über 109 000 Menschen – versprechen sich durch den Wechsel in die Bundesrepublik bessere Lebensverhältnisse oder eine aus ihrer Sicht günstigere Entwicklungsperspektive. Es handelt sich also überwiegend um „Wirtschaftsflüchtlinge" und nicht – wie unverändert gern behauptet – um „politische Flüchtlinge". Zweifellos gab es diese auch. Aber sie stellten eine Minderheit dar.
Als allgemeine Definition für den Begriff „Flüchtling" gilt üblicherweise, daß es sich dabei um Personen handelt, die sich infolge politischer (Zwangs-)Maßnahmen, wegen Krieg oder existenzgefährdender Notlagen veranlaßt sehen, ihre Heimat zu verlassen. Nach der Genfer Flüchtlingskonvention von 1951 ist ein politischer Flüchtling eine Person, die sich „aus wohlbegründeter Furcht vor Verfolgung aus Gründen der Rasse, der Religion, der Natio-

nalität, der Zugehörigkeit zu einer bestimmtem gesellschaftlichen Gruppe oder der politischen Meinung außerhalb des Landes ihrer Nationalität befindet".
Das trifft für die Mehrheit der in den Westen gegangenen DDR-Bürger keinesfalls zu. Sie sind darum keine „Flüchtlinge". Die Ökonomie der DDR hat sich von diesen Verlusten durch Abwanderung nie erholt. Der Osteuropaforscher der Freien Universität Berlin, Prof. Leptin, meint, daß in der Zeit von 1950 bis 1961 jährlich zwischen 144000 (1959) und 330000 (1953) Personen aus der DDR in die BRD übersiedelten. „Unter den Flüchtlingen war der Anteil der Jugendlichen bis 25 Jahre sehr hoch, meistens um 50 Prozent (...) Das hatte zur Folge, daß unter den Zurückbleibenden der Anteil der älteren Jahrgänge rasch anstieg. Im Jahre 1970 waren in der Bundesrepublik 61,2 Prozent der Bevölkerung im arbeitsfähigen Alter, in der DDR 58 Prozent (...) Wenn man berücksichtigt, daß jeder arbeitsfähige Flüchtling beim innerdeutschen Wirtschaftsvergleich einen Arbeitskräfteunterschied von 2 Personen ausmacht (im Osten -1, im Westen + 1), dann wird die wachstumspolitische Bedeutung der Fluchtbewegung besonders deutlich."
Siegfried Wenzel, ehemaliger Stellvertreter des Vorsitzenden der Staatlichen Plankommission der DDR, ergänzte 1998 diese Feststellung. „Für die BRD ist dieser Zufluß von ‚Humankapital' in Größenordnungen von fast 2 Millionen ein einmaliger Aktivposten, der überhaupt nicht hoch genug eingeschätzt werden kann. Man muß berücksichtigen, daß es sich bei den Übersiedlern aus der DDR in die BRD zu einem großen Teil um gutausgebildete Facharbeiter sowie um akademisch Ausgebildete wie Ärzte, Rechtsanwälte, Ingenieure gehandelt hat, deren Ausbildung oftmals vom Staat, d. h. der gesamten Gesellschaft in der DDR, finanziert worden war. Es gab viele, die ihre Einstellungsverträge von westlichen Firmen bereits während des Studiums erhielten, als sie noch Wohnung, Stipendium und zum Teil großzügige soziale Sicherung in der DDR in Anspruch nahmen. Das trifft vor allem auf die Zeit vor 1961 zu.
Die Wirkung der Eingliederung dieses personellen Zu-

wachses für die Wirtschaftskraft der BRD war natürlich eine ganz andere als die der etwa 0,5 Millionen ausländischer Gastarbeiter, die bis 1961 aus Spanien, Portugal, der Türkei und Italien in die BRD gekommen waren. Die bis zu 1,5 Millionen Übersiedler aus der DDR sprachen die gleiche Sprache, waren oft in einem mehr oder minder adäquaten Bildungssystem zu hochqualifizierten Fachkräften ausgebildet worden und entstammten dem gleichen Kulturkreis."

Wenzel ist der Auffassung, daß die Marshallplan-Hilfe und die „Kader" aus der DDR in der Bundesrepublik maßgeblich für den Produktivitäts- und Effektivitätsunterschied zwischen der BRD und der DDR verantwortlich sind.

Der Kreis derer, die die Geschäfte mit der Abwerbung unmittelbar oder mittelbar betreiben, reicht von westlichen Geheimdiensten über die Ostbüros der Parteien bis hin zu speziellen Einrichtungen wie dem „Verband der Sowjetzonenflüchtlinge" oder dem „Arbeitskreis ostdeutscher Wissenschaftler".

Flankiert werden diese Bestrebungen durch das „Bundesvertriebenengesetz" (1953) und das „Gesetz über Hilfsmaßnahmen für Personen, die wegen politischer Verbrechen außerhalb der BRD inhaftiert wurden" (1955).

Aufgrund von bestimmten und besonders popularisierten Verordnungen erhalten Personen, die die DDR verlassen, in der BRD bevorzugt Wohnraum, Arbeit und materielle Vergünstigungen.

Die „Grenzgänger" kosten der DDR allein durch den Ausfall von Produktionswerten jährlich ungefähr 2,5 Milliarden Mark. Nach damaligen übereinstimmenden Schätzungen der DDR sowie von Wissenschaftlern aus der BRD (Prof. Dr. Fritz Baade) und aus den USA (Prof. Dr. Hans Apel) betragen die durch Abwerbung und Republikflucht verursachten Verluste der DDR etwa 100 Milliarden DM. (Zum Vergleich: Das gesamte Nationaleinkommen der DDR erreicht 1961 ca. 76 Milliarden Mark. Die Investitionen in der volkseigenen Industrie und im Bauwesen betragen von 1956 bis 1961 etwa 30 Milliarden Mark.)

Für die DDR bedeutet das aber auch: neue Disproportionen in der Volkswirtschaft. Die „Störfreimachung vom Westen" (d. h., die Wirtschaft der DDR von bestimmten Zulieferungen aus der BRD und anderen kapitalistischen Ländern unabhängig und damit „störfrei" zu machen) soll durch die Erhöhung der Arbeitsproduktivität, durch neue Verfahren und Erzeugnisse, durch zusätzliche Leistungen in der Produktion möglichst rasch erreicht werden. Der Lebensstandard der Werktätigen stagniert.
Die als unumgänglich proklamierten Veränderungen in der ökonomischen und sozialpolitischen Entwicklung führen verbreitet zu Unzufriedenheit und Unsicherheit und vermehrt zu Bestrebungen, besonders bei Bürgern, die noch Vorbehalte gegen die sozialistische Entwicklung haben, die DDR zu verlassen. Genährt und geschürt wird das noch durch eine massive westliche Hetze im Stile der psychologischen Kriegführung.

Das Oberste Gericht der DDR befaßt sich im August 1961 in zwei Prozessen mit Spionagefällen. Die Angeklagten waren für den BND und das Ostbüro der SPD tätig. Es handelt sich u.a. um Hans A., Architekt beim Entwurfsbüro Dessau, und Günter B., zuletzt Architekt und Bauleiter beim VEB Industrieprojektierung Dessau.
Hans A. organisierte 1952 für eine Gruppe von Studenten der Ingenieur-Schule Dessau die Teilnahme am 2. Deutschen Studententag in Westberlin. Sein dortiger Betreuer, der Mitarbeiter der „Organisation Gehlen" Hoffmann, warb ihn nach mehreren Treffen unter dem Decknamen „Hennig" an. Er empfahl A., nach außen eine positive Haltung zur gesellschaftlichen Entwicklung in der DDR einzunehmen und der SED beizutreten, um so besser Zugang zu Informationen zu erlangen.
Während der Dauer seiner Agententätigkeit lieferte A. umfassende Informationen aus Betrieben und militärischen Objekten im Raum Dessau, bespitzelte Wissenschaftler, die in der UdSSR tätig waren, sowie Ingenieure, Ärzte, hochqualifizierte Fachkräfte und leitende Funktionäre aus der Wirtschaft und lieferte ausführliche Charak-

teristiken und, soweit möglich, kompromittierendes Material. Er sammelte von über 100 Fachkräften Hinweise über negative politische Äußerungen, ungenehmigte Reisen in westliche Staaten, verwandtschaftliche Beziehungen in die BRD und nach Westberlin, dort getätigte Einkäufe, eventuell noch bestehende Konzernverbindungen, fachliche Leistungen und Kenntnisse, wirtschaftliche Sorgen, Krankheiten und religiöse Einstellungen, um seinen Auftraggebern Informationen für Abwerbemaßnahmen zukommen zu lassen. Tatsächlich verließ eine ganze Anzahl der von A. bespitzelten Personen die DDR illegal.

Günter B. war ebenfalls Teilnehmer am Studententag in Berlin. Er erhielt Ende 1956 über einen Mitarbeiter des Studentenhilfswerkes Berlin Verbindung zum Gehlen-Residenten „Hoffmann". Der verpflichtete ihn unter dem Decknamen „Horst Heinze" für Pullach. Er legte B. ebenfalls nahe, der SED beizutreten. Nach seiner Anwerbung lieferte B. chiffrierte Spionageberichte an Deckadressen. Gleichzeitig war er beauftragt, Charakteristiken über ihm vom Studium an der Ingenieurschule Köthen bekannte Wissenschaftler zu liefern, wobei auch kompromittierendes Material gefragt war. Auf der Grundlage seiner Informationen wurden ein Technischer Direktor und mehrere Bauingenieure abgeworben. Im Jahre 1960 wurde B. aufgefordert, sich aktiv an Abwerbeaktionen zu beteiligen. „Hoffmann" motivierte ihn mit dem Hinweis: „Je höher die Verantwortung – desto größer die Kopfprämie."

Vor dem Obersten Gericht der DDR stehen auch die Hausfrau Helene V. aus Jüterbog und der Rentner Manfred W. aus Berlin.

Helene V. arbeitete seit 1959 mit dem BND zusammen und forschte gemeinsam mit drei Verwandten und einer Freundin Militärobjekte aus. Der Agentenführer „Hildebrandt" hatte sie auch aufgefordert, den Geheimdienst bei der Abwerbung von DDR-Bürgern zu unterstützen. Auftraggemäß veranlaßte sie, daß zwei Personen aus ihrem Verwandtenkreis die DDR illegal verließen. Sie wurde auf einen Arzt angesetzt, auf einen Betriebsleiter, vier Ange-

1961

stellte der Deutschen Post bzw. der staatlichen Verwaltung sowie auf einen selbständigen Handwerker.

Manfred W. war 1952 über ein Preisausschreiben der „Freien Jungen Welt" für eine Zusammenarbeit mit dem Ostbüro der SPD in Westberlin geködert worden. Es gelang ihm, insgesamt sieben Bürger zum illegalen Verlassen der DDR zu bewegen. Darüber hinaus beförderte er etwa 20 bis 30000 Briefe, die an in der DDR lebende Wissenschaftler, Ärzte, Techniker und andere Personenkreise adressiert waren und die Empfänger zum illegalen Verlassen der DDR bewegen sollten.

16. AUGUST 1961
Schluß und aus
Das Präsidium des Deutschen Sportbunds und das NOK der BRD beschließen den Abbruch der Sportbeziehungen zur DDR wegen der Maßnahmen vom 13. August.

17. AUGUST 1961
Brecht auf den Index
Die Tageszeitung „Die Welt" kommentiert die Absicht des (West-)Berliner Schiller-Theaters, das Stück des Kommunisten Brecht „Puntila und sein Knecht Matti" aufzuführen: „Das staatliche Schiller-Theater will demnächst mit Brechts ‚Puntila' Premiere halten und die Spielzeit einläuten. Wird uns das jetzt hier sehr falsch, wird es nicht geradezu frivol und irrig klingen müssen? Weiß man, was man tut? Man sollte es sehr genau überlegen."

18. AUGUST 1961
Stücke eines Kommunisten sind völlig unopportun
Der Intendant des Schiller-Theaters gibt dem Druck nach und erklärt: „Der Verzicht auf die Premiere (...) ist ein sehr schmerzliches Opfer, das wir im Interesse unserer Stadt bringen."
Tags darauf rügt ihn die „Welt" dafür: „Der Märtyrerton (...) ist ganz unangebracht (...) Es gibt gar keine Diskussion, daß Brechts Stücke in Westberlin völlig inopportun sind."

26. AUGUST 1961
Bundesweiter Theaterdonner

Die Westberliner Zeitung „Der Tag" berichtet: „Das Schiller-Theater (...) setzte seine Premiere ab. Kurz darauf beschloß auch die Intendanz des Staatstheaters Kassel, die für Oktober geplante Aufführung von Brechts ‚Schwejk im zweiten Weltkrieg' abzusetzen. Gestern teilte schließlich die Hamburgische Staatsoper mit, daß die als erste Premiere der Spielzeit vorgesehene Oper ‚Aufstieg und Fall der Stadt Mahagonny' von Brecht/Weill angesichts der gegenwärtigen politischen Spannungen abgesetzt werde (...) Aus den Hamburger Kammerspielen verlautete, daß Brechts ‚Dreigroschenoper' voraussichtlich nicht, wie vorgesehen, im nächsten Spielplan enthalten sein werde (...) Trotz heftiger Kritik will hingegen der Intendant der Städtischen Bühne Ulm, Kurt Hübner, seine Absicht verwirklichen, Bert Brechts ‚Prozeß der Jeanne d'Arc zu Rouen 1431' aufzuführen."

1961
Und wieder brennen LPG-Scheunen

Der „sozialistische Frühling auf dem Lande", wie die Anstrengungen der DDR zur „Vollvergenossenschaftlichung der Landwirtschaft" heißen – also der vollständige Zusammenschluß einzelbäuerlicher Betriebe zu Genossenschaften (LPG) – stößt auf erheblichen Widerstand. Dabei sind es weniger die Bauern, die an der traditionellen Produktionsweise festhalten wollen, sondern von außen einwirkende Kreise, die verhindern möchten, daß die DDR-Landwirtschaft aus eigener Kraft vorankommt. (Wie erfolgreich letztlich diese Politik war, zeigt das Überleben und erfolgreiche Agieren von Agrargenossenschaften heute auf dem gesamtdeutschen Markt.)

Im Jahre 1960/61 werden zahlreiche Sabotageakte registriert – Traktoren, Maschinen und andere Landtechnik werden zerstört. In der LPG Schönfließ werden die elektrischen Anlagen und mehrere Traktoren außer Betrieb gesetzt, in der LPG Treschendorf wird ein Mähdrescher erheblich beschädigt. In den LPG Schmachtenhagen, Wensickendorf und Nassenheide werden vorsätzlich Drillma-

schinen zerstört und ihre Reifen zerschnitten sowie im VEG Pinnow das Förderband einer Kartoffelkombine zertrennt. Außerdem stellen die Sicherheitsorgane eine Zunahme bei Brandstiftungen fest. Allein im Bezirk Potsdam brennt es im Jahre 1959 in jeder siebten LPG, in jeder sechsten MTS und in jedem zweiten Volksgut. Im ersten Halbjahr 1960 richten 140 Brandstiftungen einen Gesamtschaden von 6 Millionen Mark an.
Im Bezirk Halle legt ein Täter in der Nacht vom 20. zum 21. Februar 1960 in einem vollgenossenschaftlichen Dorf an mehreren landwirtschaftlichen Objekten Feuer. Vor Gericht erklärt der Brandstifter: „Ich wollte die LPG schädigen, ganz egal welche."
Ein weiterer Täter setzt im Mai 1960 die Scheune der LPG Neuendorf im Kreis Seelow in Brand. Wie im Ermittlungsverfahren gegen den Brandstifter festgestellt wird, handelt er im Auftrag eines Großbauern, der die DDR illegal verlassen hatte. Dieser hatte ihn dafür bezahlt.
In Bautzen kann ein Täter mit besonderer krimineller Energie ermittelt und 1962 gerichtlich zu Verantwortung gezogen werden. St. legte 28 Brände in landwirtschaftlichen Einrichtungen und Wohngebäuden. Außerdem beging er 65 schwere Diebstähle, durch die allein ein Versicherungsschaden von 100000 Mark entstand.

Nicht unbedeutend ist in jener Zeit der Einfluß von Führungskräften im westdeutschen und Westberliner Bauernverband, die gegen die DDR und insbesondere gegen deren landwirtschaftliche Entwicklung eingestellt sind und diese zu stören versuchen.
Obgleich Westberlin kein Gebiet mit bemerkenswerter landwirtschaftlicher Nutzfläche ist, gibt es dort einen Bauernverband. Dieser verfügt über gute Verbindungen zum Bundesministerium für gesamtdeutsche Fragen, zu Senatsstellen, mehreren westlichen Geheimdiensten, zum RIAS und einer Reihe von Landsmannschaften – gewissermaßen als Ausgleich für nichtvorhandene landwirtschaftliche Nutzfläche
Bis zum 13. August 1961 bekämpft dieser vorgebliche Bau-

ernverband offen die Landwirtschaftspolitik der DDR, die er in Wort und Schrift diskreditiert. Zugleich versucht er, Fachkräfte aus der Landwirtschaft zum Verlassen der DDR zu bewegen. Nach dem 13. August 1961 stellt der Bauernverband seine gegen die DDR gerichtete Tätigkeit um. Unter Verwendung von Deckadressen und anderen konspirativen Möglichkeiten, z.B. den Einsatz von Rentnern als Kuriere, unterhält der Bauernverband Verbindungen zu personellen Stützpunkten in den Bezirken Potsdam, Dresden und Karl-Marx-Stadt.
Der Bauernverband e. V. wird 1973 aufgelöst, nachdem seine Finanzierung eingestellt wurde.

HERBST 1961

Instrument der Einschüchterung geschaffen

In Salzgitter wird von den Justizverwaltungen der Bundesländer eine Erfassungsstelle für politische Straftaten in der DDR eingerichtet. Ihr Sinn besteht vornehmlich in der Einschüchterung von DDR-Staatsbürgern, die gemäß ihrer Funktion und ihrem gesellschaftlichen Auftrag handeln.

Zu ihrem 40. Jahrestag – den es aber gar nicht mehr gab, weil diese Institution nach drei Jahrzehnten aufgelöst worden war – erklärte der Landesvorsitzende der Ost- und Mitteldeutschenvereinigung (OMV) in der CDU Rheinland-Pfalz, Dr. Michael Pietsch, im Herbst 2001 via Internet: „Die deutsche Teilung und das dabei von den Staatsorganen der früheren DDR und deren Mitarbeitern begangene Unrecht an den Landsleuten in Mitteldeutschland machten die Gründung der Erfassungsstelle als Teil der bundesdeutschen Justiz erforderlich. In mehr als 40000 Akten wurden Straftaten erfaßt, deren Kenntnis heute dabei mithilft, den Opfern in juristischen Verfahren Beweismittel an die Hand zu geben, die Täter aus sensiblen Bereichen des Staates und der öffentlichen Sicherheit herauszuhalten und der Nachwelt Wissen darüber zu bewahren, daß der Kommunismus auf deutschem Boden über Jahrzehnte den einzelnen Menschen verachtet und die Gesellschaft im Ganzen unmenschlich drangsaliert hat.

Ohne Salzgitter wäre es schwerer, vor den Gefahren einer Beteiligung der kommunistischen PDS an der Regierungsmacht zu warnen. Salzgitter zeigt die Wurzeln dieser Partei. Wer mit der PDS koaliert, paktiert oder kungelt, verhöhnt die Opfer des Kommunismus."

18. JUNI 1962
Mord vorm Springer-Hochhaus
Der Unteroffizier der DDR-Grenztruppen Reinhold Huhn wird in Berlin unweit des Springer-Hochhauses in Kreuzberg erschossen.
Nach mehr als 36 Jahren findet vom 14. Dezember 1998 bis 22. April 1999 vor einer Schwurgerichtskammer des Berliner Landgerichts der Prozeß gegen Rudolf Müller wegen Mordes an Reinhold Huhn statt. Müller lebte bis 1953 in Berlin-Weißensee, dann setzte er sich nach Westberlin ab. Im November des gleichen Jahres kehrte er zurück. Wegen Verrats von Dienstgeheimnissen wurde der ehemalige VP-Wachtmeister zu zwei Jahren Haft verurteilt und im Dezember 1954 vorzeitig auf Bewährung entlassen. Am 13. August 1961 floh Müller erneut nach Westberlin, seine Frau und die beiden Söhne verblieben in der DDR. Seit Mai 1962 grub eine siebenköpfige Gruppe – darunter Müller und seine beiden Brüder Klaus und Horst – einen 22 Meter langen Tunnel vom Keller des Axel-Springer-Verlagshauses unter der Mauer hindurch zum Haus Zimmerstraße 56. Müller traf sich am frühen Abend des 18. Juni 1962 mit seiner Familie in Ostberlin, brachte sie in die Zimmerstraße 56, wo der Gefreite Reinhold Huhn seinen Dienst versah. Auf dessen Aufforderung, die Ausweise zu zeigen, zog Müller eine Pistole und schoß sofort. Dabei traf er Huhn ins Herz. Als dieser zu Boden stürzte, gab Müller erneut einen Schuß ab, diesmal in den Rücken. Anschließend flüchtete die Familie Müller durch den Tunnel nach Westberlin.
Der gerichtlichen Hauptverhandlung zufolge hatte Müller am 8. August 1997 bei seiner richterlichen Vernehmung erklärt, daß er auf den Grenzsoldaten geschossen habe, um seine Familie zu schützen. Nach der Flucht durch den Tun-

nel habe ihm ein Angehöriger des Staatsschutzes die Tatwaffe abgenommen und ihm unmißverständlich klargemacht, daß er das Verbrechen leugnen müsse, weil er sonst keine ruhige Minute mehr habe. „Sie haben nicht geschossen!" soll ihm der Geheimdienstler gesagt haben. Bei der anschließenden Vernehmung durch die US-Behörden sei er ebenfalls aufgefordert worden zu behaupten, er habe den Grenzposten lediglich geschubst.
Anschließend wurde die Familie Müller durch USA-Behörden nach Westdeutschland ausgeflogen.
Der damalige Hausmeister des Verlagshauses erklärt am 8. Januar 1999 als Zeuge vor dem Landgericht, der Tunnelbau sei vom Chef Axel Springer höchstpersönlich als „Aktion für die Freiheit" genehmigt und unterstützt worden. Springer habe sich über den Fortgang der Bauarbeiten informiert, sei aber am Tattag außer Landes in Spanien gewesen. Der Zeuge bestätigt, daß Senat, Polizei und die amerikanischen Militärbehörden genauestens vorher informiert worden seien. Unmittelbar nach der Tat traf man sich in der Kantine des Axel-Springer-Hauses. Der damalige Innensenator Heinrich Albertz und der Polizeipräsident von Westberlin Erich Duensing wären ebenfalls dabei gewesen. Bereits Stunden vor der Tunnelschleusung standen auf der Westberliner Seite Polizei- und Zollkräfte bereit. Unter ihrem Schutz hatten sich Presse-, Rundfunk- und Fernsehreporter sowie Filmaufnahmestäbe von SFB und NDR in unmittelbarer Nähe des vorgesehenen Tatortes versammelt.
Nach der Tat wurde offiziell verbreitet, der Grenzsoldat sei im Kugelhagel seiner Kollegen getötet worden, so auch Egon Bahr, damals Pressechef des Senats. Die Medien meldeten: „Vopo erschießt Vopo" oder „Schießwütige Vopos töteten eigenen Posten". Innensenator Albertz erklärte, daß nicht festgestellt werden konnte, ob der Fluchthelfer zur fraglichen Zeit eine Schußwaffe besaß.
Vier Tage nach dem Verbrechen erschien in Begleitung eines BND-Mitarbeiters ein Hartmut Böhmer bei der Westberliner Polizei. Dieser war 1960 in die BRD geflüchtet und arbeitete inzwischen für den BND. Er habe als Kamera-

mann des DDR-Fernsehens den Tatort gefilmt, erklärte er. Er habe die Leiche von Huhn in Treptow gesehen und könne bestätigen, dieser sei von seinen eigenen Genossen erschossen worden.

Am 22. April 1999 wird Rudolf Müller von der Schwurgerichtskammer des Berliner Landgerichts wegen Totschlags zu einer Freiheitsstrafe von einem Jahr verurteilt, ausgesetzt auf zwei Jahre Bewährung. Er wird schuldig gesprochen, bei dem Versuch, seine Familie durch einen Tunnel in den Westen zu schleusen, am 18. Juni 1962 in Berlin-Mitte den damals 20jährigen DDR-Grenzsoldaten Reinhold Huhn mit zwei Pistolenschüssen ins Herz und in den Rücken getötet zu haben. Trotz des skandalös milden Urteils wurde nunmehr nach fast vier Jahrzehnten auch von der BRD-Justiz der Tod von Reinhold Huhn geahndet. In der DDR waren wesentliche Untersuchungsergebnisse, wie sie durch das Verfahren öffentlich wurden, bereits kurz nach der Tat publiziert worden. Damals wurden sie als östliche Propaganda abgetan.

Das Lügengebäude, das der BND und der Staatsschutz damals errichtet hatten und über die Medien verbreiteten, fiel in sich zusammen. Auch die unrühmliche Rolle der damaligen offiziellen Politik in Westberlin kam zur Sprache. In der Urteilsbegründung wurde das Recht der DDR, an ihren Grenzen Kontrollen durchzuführen, sowie die korrekte Ermittlungstätigkeit der Untersuchungsorgane der DDR gewürdigt.

Am 5. Juli 2000 fand dieser Prozeß mit dem Berufungsverfahren vor dem 5. Strafsenat des Bundesgerichtshofes (BGH) in Leipzig seinen endgültigen Abschluß. Die Richter entsprachen dem Antrag von Anton Huhn, dem als Nebenkläger auftretenden Bruder des Getöteten, und befanden den Angeklagten Rudolf Müller des Mordes schuldig. Damit wurde das Urteil des Berliner Landgerichtes revidiert und die Tat von Müller als das gewertet, was sie wirklich war: heimtückischer Mord.

Das Strafmaß aus dem ersten Verfahren – ein Jahr Freiheitsentzug auf Bewährung – wurde aufrechterhalten, obwohl das Gesetz für Mord lebenslänglich fordert.

Der rechtskräftig verurteilte Mörder Rudolf Müller – übrigens Träger des Bundesverdienstkreuzes – ließ nicht erkennen, daß ihm Huhns Tod nahegegangen wäre. Bis heute fehlt ein Wort des Bedauerns an die Brüder von Reinhold Huhn. Müller hält sich für unschuldig.

25. MAI 1962
Nicht erwünscht
Von Seiten der DDR wird eine Erweiterung des Interzonenhandels gewünscht sowie die Erstattung des Kaufpreises durch Gegenlieferungen. Konrad Adenauer macht das Eingehen darauf vom Verschwinden der Mauer abhängig.

14. AUGUST 1962
Todesschüsse auch in Thüringen
Drei Angehörige des Bundesgrenzschutzes dringen bei Wiesenfeld (Kreis Bad Salzungen) in die DDR ein und erschießen den Hauptmann der DDR-Grenztruppen Rudi Arnstadt.
In den Morgenstunden des 14. August 1962 hatten Grenzposten im genannten Abschnitt eine verstärkte Tätigkeit von BGS-Angehörigen und Zivilpersonen festgestellt und gemeldet. Der Kompaniechef begab sich mit Begleitposten zur Staatsgrenze. Dort angekommen, beobachtete er, daß zwei Angehörige des BGS die Staatsgrenze überschritten hatten und sich auf DDR-Territorium aufhielten. Sie kamen der Aufforderung, das Territorium der DDR zu verlassen, nach. Kurz darauf drangen ein Hauptmann des BGS mit zwei weiteren BGS-Angehörigen erneut auf DDR-Territorium vor. Die Aufforderung zurückzugehen, wurde mißachtet. Den daraufhin von Arnstadt abgegebenen Warnschuß in die Luft beantworteten sie sofort mit gezieltem Feuer und töteten den DDR-Offizier mit Kopfschuß.

20.-31. AUGUST 1962
Türöffner
Bundesdeutsche und dänische See- und Landstreitkräfte proben bei einem kombinierten Manöver in der Ostee die Anlandung. Bezeichnender Namen der Übung: „Doorkeeper".

NOVEMBER 1962
Auf psychologische Kriegführung setzen

„Die Außenpolitik", eine in Stuttgart erscheinende Zeitschrift, bringt in der Ausgabe 11/62 Leitlinien der künftigen Ostpolitik, wobei explizit eine „psychologische Kriegführung des Westens" genannt wird: „Unser Gedankengut ist in das öffentliche Leben der kommunistischen Staaten mit allen Mitteln der modernen Propaganda auf psychologisch geschickte Weise einzuschleusen. Unter Ausnutzung nationaler Verschiedenheiten, religiöser Überlieferungen, auch menschlicher Schwächen wie der Neugier, der weiblichen Eitelkeit, der Sehnsucht nach Vergnügen ist die Indifferenz zu den Zielen der kommunistischen Staatsführung zu fördern." Es gelte, „die Bevölkerung bis zum passiven Widerstand (‚Arbeite langsam!') und zur Sabotage zu bringen (...) Zu den geistig Schaffenden eines kommunistischen Staates ist auf Kongressen, auf Reisen usw. Verbindung aufzunehmen (...) Die Menschen in den kommunistischen Staaten werden auf diese Weise zu bewußten oder unbewußten Trägern westlicher Ideen, es wird das Gefühl allgemeinen Unbehagens geschaffen, das Voraussetzung ist für die – sich ohne Gewaltanwendung abwickelnde – innere Veränderung und Umwälzung in diesen Staatswesen. Durch pausenlose, den Gegner ermüdende Arbeit sind diese natürlichen Entwicklungen zu beschleunigen (...) Hier in Europa sprechen entscheidende Umstände für die Möglichkeit einer erfolgreichen psychologischen Kriegführung des Westens."

14. JANUAR 1963
Wieder Anwendung der Hallstein-Doktrin

Die BRD bricht die diplomatischen Beziehungen zu Kuba ab. Kuba hatte am 12. Januar die DDR anerkannt.

17. JANUAR 1963
Absage erteilt

Willy Brandt, Regierender Bürgermeister von Berlin, signalisiert Bereitschaft, die Einladung Nikita Chruschtschows, der in Berlin weilt, anzunehmen. Die CDU droht, die Senatskoalition zu verlassen. Brandt sagt in letzter Minute ab.

22.-24. OKTOBER 1963
Sprung über den Großen Teich
Erstmals wird in einer militärischen Übung die Überführung von Truppen aus den USA in die BRD geprobt. Diese Übung findet von 1969 fortan jährlich unter der Bezeichnung „Reforger" statt. In jenem Jahr beginnt auch die Serie jährlicher Herbstmanöver auf dem Territorium der Bundesrepublik, an der dort stationierte Einheiten beteiligt sind.

9. DEZEMBER 1963
Psychoterror gegen LPG-Vorsitzenden
Der UfJ in Westberlin richtet an den Vorsitzenden einer LPG im Kreis Zerbst folgenden Brief: „Von unseren Mitarbeitern werden wir übereinstimmend davon unterrichtet, daß Sie als Besitzer eines Betriebes von über 20 ha aus egoistischen Gründen in der dortigen Gemeinde die Produktionsgenossenschaft gegründet haben. Sie sind Mitglied der SED und ständig mit den verantwortlichen Funktionären der Partei zusammen. Sie denunzieren ihre Berufskollegen bei diesen Stellen in einer unverschämten und unverantwortlichen Weise. Im Augenblick halten sie sich mit Ihrem PKW in der Bundesrepublik auf und haben zu SED-Funktionären geäußert, daß Sie Ihre Berufskollegen im Westen von den Segnungen der Kommunisten in Kenntnis setzen wollen. Wir werden nicht versäumen, diese Angelegenheit nachprüfen zu lassen. Bereits heute machen wir Sie auf die Unmöglichkeit Ihrer Handlungen aufmerksam und verhehlen dabei nicht, daß wir Sie in unsere Belasteten-Kartei aufgenommen haben. Unsere Mitarbeiter haben weiterhin Anweisung erhalten, Ihr Tun und Treiben zu beobachten und Meldung zu erstatten. Wir weisen Sie hiermit letztmalig darauf hin, daß Sie sich durch Ihre Maßnahmen aus dem Kreis der wahren freien deutschen Bauern stellen. Wir warnen Sie davor, weitere Unrechtshandlungen zu begehen, die Sie in naher Zukunft bei der Wiedervereinigung Deutschlands vor einem ordentlichen Gericht verantworten müssen.
Sollten Sie sich zu unrecht beschuldigt fühlen, wären wir bereit, Sie gelegentlich eines Besuchs bei uns zwecks Rücksprache zu empfangen."

1964

6. JANUAR 1964
Keine Reaktion
Ulbricht sendet einen Brief an Bundeskanzler Erhard mit dem Entwurf eines Vertrages zwischen BRD und DDR über den umfassenden Verzicht auf Kernwaffen. Ulbricht erklärt ausdrücklich, dieser Vertrag brauche „die staatlichen Beziehungen ... nicht zu präjudizieren", die DDR würde einen entsprechenden Vorbehalt der Bundesregierung akzeptieren. Erhard nimmt den Brief nicht an.

21. FEBRUAR 1964
Sprengstoffanschläge aufs Rote Rathaus in Berlin
Vor dem Obersten Gericht der DDR wird der Sprengstoffexperte Herbert Kühn angeklagt. Am 15. und 16. Juni 1963 hatte er fünf Kilogramm Sprengstoff, sieben Glühzünder und fünf Sprengkapseln nach Ostberlin geschmuggelt, um daraus in der Wohnung seines Onkels Sprengsätze zu basteln. Am 17. Juni 1963 sollten sie im Berliner Roten Rathaus, im Ministerium für Außenhandel und im Gerichtsgebäude in der Littenstraße detonieren. Zwei Bomben werden rechtzeitig entdeckt, die dritte richtet im Ministerium für Außenhandel beträchtlichen Schaden an.

10. MÄRZ 1964
US-Luftspion über der Altmark vom Himmel geholt
Bei Stendal wird ein US-Aufklärungsflugzeug nach unerlaubtem Eindringen in den DDR-Luftraum abgeschossen.

22. MÄRZ 1964
Auch Bundeskanzler Erhard erkennt Oder-Neiße-Grenze nicht an
Vor dem Kongreß Ostdeutscher Landsmannschaften bekräftigt Bundeskanzler Erhard, daß die Regierung die Oder-Neiße-Grenze nicht anerkennt.

FRÜHJAHR 1964
Vorschlag eines Zeitungsaustauschs
Walter Ulbricht auf der 2. Bitterfelder Konferenz: „Obgleich die westdeutsche Presse ständig empörende Beweise dafür

liefert, daß sie die westdeutsche Bevölkerung nicht informiert, sondern desorientiert und in die Irre führt, wären wir bereit, einige westdeutsche Zeitungen wie etwa ‚Die Zeit‘ oder die ‚Süddeutsche Zeitung‘ bei uns zum Verkauf auszulegen, wenn die Garantie dafür gegeben wäre, daß in Westdeutschland das ‚Neue Deutschland‘ in gleichem Maße öffentlich verkauft wird." In der Bundesrepublik war als Folge des KPD-Verbots 1956 der Bezug kommunistischer Druckerzeugnisse verboten. In Bonn wird über Ulbrichts Angebot heftig diskutiert, bis er es zurückzieht. Die Londoner „Times" schreibt: „Die westdeutsche Regierung macht sich selber lächerlich mit ihrem Zögern gegenüber dem Angebot Herrn Ulbrichts ..."

17. AUGUST 1964
Klare Worte
Außenminister Gerhard Schröder in einem Interview mit dem „Stern": „Die Zone darf nicht als Staat unter anderen gelten und damit völkerrechtlich unangreifbar werden."

19. AUGUST 1964
Klare Worte
Der „Spiegel" berichtet, daß etwa 800000 Postsendungen aus der DDR nach Westdeutschland per Gerichtsbeschluß als „staatsgefährdend" eingestuft und amtlich vernichtet werden, ohne daß die Empfänger davon erfahren.

19. SEPTEMBER 1964
Abwerbungsversuch bei DDR-Sportlern
Der Konsul der BRD berichtet an das Auswärtige Amt in Bonn (VS Nr. 841) über seine Aktivitäten während der Kunstflugweltmeisterschaften in Bilbao: „Bereits Wochen vor Beginn hatte ich mit den spanischen Veranstaltern Vorbesprechungen aufgenommen, bei der Weltmeisterschaft das Hissen der SBZ-Spalterflagge und das Abspielen der sogenannten Becher-Hymne zu verhindern (...) Auf meine Anregung hin hatte ein Mitglied der deutschen Kolonie die gesamte SBZ-Mannschaft (...) auf seine Segeljacht eingeladen (...) Ich hatte den Eindruck, der eine oder

andere SBZ-Flieger hätte sich gern dazu entschlossen, nicht mehr hinter die Demarkationslinie zurückzukehren, wenn es eine Lösung der Kernfrage gegeben hätte: ‚Was geschieht dann mit der Familie?'"

5. OKTOBER 1964
Mord ohne „Nachteil" für den Toten
Der spätere Astronaut Reinhard Furrer (1940-1995) arbeitet in den 60er Jahren als aktiver Tunnelschleuser. Am 5. Oktober 1964 ist er dabei, als einer der Schleuser mit einer Pistole den Unteroffizier Egon Schultz erschießt. Furrer brüstet sich anschließend in den Medien mit seiner Beteiligung.
Die Mutter des Ermordeten stellt am 15. Februar 1995 Strafanzeige. Am 15. Juni 1999 teilt die Staatsanwalschaft I dem die Strafanzeige beim Landgericht Berlin vertretenden Rechtsanwalt mit, „daß das Verfahren, soweit es nicht durch den Tod der Beschuldigten Dr. Furrer und Dr. Zobel seine Erledigung gefunden hat, gegen die übrigen Beschuldigten nach § 170 Abs. 2 eingestellt wurde. Den Beschuldigten (...) konnte ein gemeinschaftlicher Tatplan, der den Schußwaffengebrauch zum Nachteil von DDR-Grenzorganen eingeschlossen hätte, nicht nachgewiesen werden."

15. FEBRUAR 1965
Bonn droht Kairo
Die Bundesregierung kündigt die Einstellung der Wirtschaftshilfe für Ägypten an, falls Kairo, wie vorgesehen, Walter Ulbricht empfangen werde. Der offizielle Staatsbesuch Ulbrichts findet vom 24. Februar bis 2. März statt. Die Bundesregierung stellt die Wirtschaftshilfe ein.

9. MÄRZ 1965
Gegen den kommunistischen Osten
Franz Josef Strauß in „Der Kurier": „Ich nenne jeden einen potentiellen Kriegsverbrecher, der durch Schwächung der westlichen Abwehrkraft dem kommunistischen Osten strategische Vorteile verschafft."

1965

4. MAI 1965
Ostdeutschland muß isoliert werden
US-Senator J. William Fulbright unterstützt in einer Rede vor dem Europa-Rat die „neue Ostpolitik" der SPD mit den Worten: „... daß die Anknüpfung herzlicher Beziehungen zwischen der Bundesrepublik und den Ländern Osteuropas" dazu führen werde, „die Bindung dieser Länder an den ostdeutschen Rumpfstaat zu schwächen, das Regime zu untergraben und schließlich den Weg für die Eingliederung in die Bundesrepublik zu ebnen".
Mit dem transatlantischen Rückenwind der „Strategie des Brückenschlages" kommt die SPD 1966 in die Große Koalition, in der Willy Brandt als Außenminister und Herbert Wehner als Minister für innerdeutsche Beziehungen neue Akzente setzen, die Egon Bahr auf die Formel bringt: „Wandel durch Annäherung".
Im Frühjahr 1970 kommt es zu ersten Gesprächen zwischen Bundeskanzler Willy Brandt und Ministerpräsident Willi Stoph in Erfurt und Kassel.
Im Sommer 1970 unterzeichnen Brandt und Kossygin den Moskauer Vertrag.
Bei der anschließenden Pressekonferenz in Moskau erklärt Brandt auf die Vorhaltungen, daß er im Bundestag wegen seiner „Verzichtpolitik" auf Protest stoßen werde: „Aber lesen Sie den Text doch mal richtig. Da steht zwar ‚Unverletzlichkeit der Grenzen', aber das heißt doch nicht ‚Unveränderlichkeit'! Man muß die Grenzen anerkennen, um sie abbauen zu können. Der Weg geht von der Konfrontation zur Kooperation. Die Kooperation multipliziert die Kontakte und Einflußmöglichkeiten. Und damit fördern wir den Reformationsprozeß in Mittel-, Ost- und Südosteuropa."
Die tonangebenden Medien stellten sich zunehmend in den Dienst dieser „Strategie des Brückenschlages". Sie bauen das Netz ihrer Korrespondentenbüros im Osten aus und erweitern die Sendezeiten für Beiträge aus dieser Region.

25. JUNI 1965
Sport-Kämpfe
Die Internationale Gehörlosen-Sportföderation (CISS)

lehnt auf einem Kongreß in Washington die Teilnahme einer selbständigen Mannschaft des Deutschen Verbandes für Versehrtensport (DVFV) an den X. Weltfestspielen der CISS ab. Der DVFV ist selbständiges Mitglied im CISS.
Im September wird dem DTSB-Präsidenten die Einreise nach Italien zur Generalversammlung der NOK verweigert.

30. OKTOBER 1965
Nichtanerkennung der Zone
Der Vorsitzende der CDU/CSU-Bundestagsfraktion Rainer Barzel schreibt in der „Welt": „Solange wir – unterstützt von der freien Welt – uns mit den von den Kommunisten in Deutschland geschaffenen Tatsachen nicht abfinden, halten wir nicht nur die deutsche Frage offen, sondern wirken zugleich gegen die Endgültigkeit der Stabilisierung des Status quo in Europa. Die Nichtanerkennung der Zone und der Oder-Neiße-Linie erfüllt eine europäische Funktion."

1966
Die USA raten: Divide et impera!
Der Berater des US-Präsidenten, Zbigniew K. Brzezinski, formuliert in seinem Buch „Alternative zur Teilung" das uralte Prinzip des *Teile und Herrsche*: „Eine vernünftige Politik dürfte daher die sein, die Beziehungen zu Osteuropa zu verbessern und dabei gleichzeitig Ostdeutschland zu isolieren (...) Die Osteuropäer, insbesondere die Tschechen und die Polen, müssen davon überzeugt werden, daß die Existenz Ostdeutschlands ihre Freiheit einschränkt, ohne ihre Sicherheit zu stärken (...) Gegenüber Ostdeutschland ist die Politik der Isolierung geboten."

In der Hamburger „Welt" analysiert Hans Lades, Ordinarius an der Universität Erlangen, die Politik der Bundesregierung gegenüber der DDR und greift Brzezinskis Gedanken auf: „Die Tendenz der deutschen Politik ging nun dahin, den Ost- und Südosteuropäern, aber schließlich auch der Sowjetunion die Zone als letzten Hort des Stalinismus unansehnlich und reparaturbedürftig erscheinen zu lassen. Für diese Politik könnte man das Schlagwort ‚Isolierung der DDR' verwenden. Diese Politik genügt nicht (...) Für uns geht es jetzt darum, nach der Ignorierung und der Isolierung zu einer Politik der ‚Präparierung der DDR' überzugehen (...) Wir erfassen damit Faktoren, welche auf die Wünsche und Vorstellungen der Bevölkerung, der einzelnen Schichten und der Individuen einwirken. Unsere Mittel sind: Rundfunk, Fernsehen, in geringerem Maße die Presse und alles, was man unter ‚Kontakten' versteht (...) Erreichbar ist auf diesen Ebenen: die Auflockerung dogmatischer Inhalte durch die Faszination westlicher Formen, die Stärkung des persönlichen Selbstbewußtseins und Selbstvertrauens (...) Man könnte auch durch Anerkennung tatsächlicher Leistungen Gruppen bestärken und aufbauen, die für politische Willensbildung in Frage kämen. So ließe sich ein Kraftfeld anlegen, in welchem sich autonome Mechanismen herausbilden können, die sich der Beeinflussung durch Dogmatiker entziehen und somit die SED veranlassen, sich auf lange Sicht zu reformieren."

7. APRIL 1966
Strategisches Denken
„Wer heute auf Breslau und Stettin verzichtet, wird morgen auf Leipzig und Magdeburg verzichten und übermorgen ganz bestimmt auf Berlin, um des lieben Friedens willen - um eines faulen Friedens willen." (Franz Josef Strauß in „Die Zeit")

16.-18. JANUAR 1967
Panthersprung an die DDR-Grenze
In Hessen, in Nähe zur DDR, proben 56000 Mann mit 11000 Militärfahrzeugen den Ernstfall. Name der Truppenübung: „Panthersprung."

21. FEBRUAR 1967
Andere Sprache, aber gleiche aggressive Ziele
Der Vorsitzende des Staatsrates der Volksrepublik Polen, Edward Ochab, charakterisiert in einer Rede in Lodz die Bonner Große Koalition: „Die Regierung des Herrn Kiesinger bedient sich einer etwas gemäßigteren Sprache als die Regierung des Herrn Erhard oder die des uns gut bekannten

Herrn Adenauer. Aber sie stellt sich dieselben unrealistischen, abenteuerlichen und aggressiven Ziele (...) und strebt dabei nach der Isolierung Polens und der Tschechoslowakei (...), besonders aber nach weiterer Diskriminierung der DDR, des Landes, dessen Bestehen und Entwicklung die westdeutschen Imperialisten als eine tödliche Bedrohung der Grundlagen ihrer Klassenherrschaft betrachten."

30. MÄRZ 1967
DDR soll zwölftes Bundesland werden
Der offizielle Pressedienst der Westberliner CDU, „Berliner Briefe", schreibt: „Im Rathaus Schöneberg wird gerätselt, auf welche Weise das sogenannte Arbeitspapier des Berliner Senats mit dessen Vorstellungen und Vorschlägen ‚Zur Deutschlandpolitik aus Berliner Sicht', das im Januar der Bundesregierung zugeleitet wurde, in die Hände des Zonenregimes gekommen ist."
Es gäbe „Passagen der Studie, die noch niemals veröffentlicht wurden (...), wie zum Beispiel die Idee, der Sowjetzone den Status eines 12. Bundeslandes geben zu wollen".

MÄRZ 1967
In den Schulbüchern gibt es keine DDR
Über die Beeinflussung der bundesdeutschen Schüler durch Geschichtsbücher schreibt „deutsches panorama", Hamburg, Heft 3: „Der erste Teil behandelt das deutsche Vaterland, breit und einig in den Grenzen von 1937. Nur zögernd im Nebensatz wird auf die Zonengrenze hingewiesen, wird der andere Staat erwähnt, dessen Name, dessen Hauptstadt, dessen Entstehungsgeschichte nicht zum Lehrstoff gehören. Nicht einmal ‚sogenannt' existiert die DDR, kein Wort über ihr Wirtschaftssystem, ihre politischen Grundlagen (...) Was wir heute in die Köpfe der Sextaner hineinstecken, kommt zehn Jahre später an der Wahlurne wieder heraus."

11. APRIL 1967
Nicht Frontalangriff, sondern verändern
Die „Stuttgarter Zeitung" kommentiert die Regierungser-

klärung Kurt Georg Kiesingers (CDU, Chef der seit 1966 regierenden Großen Koalition): „Der Kreml und Ulbricht haben im Grunde recht, wenn sie in alle Welt posaunen, daß die Regierung Kiesinger zwar andere Methoden anwende, aber die gleichen Ziele anstrebe wie alle vorhergegangenen Regierungen der Bundesrepublik (...) Wenn wir also im Prinzip *ja* zur Entspannungspolitik sagen, dann kann diese doch nicht statischer Natur sein. Sie kann nicht eine Konservierung des gegenwärtigen Zustandes in Ostdeutschland zum Ziel haben, sondern im Gegenteil seine Änderung." Der Unterschied zu Adenauer (1949-1964) und Erhard (1964-1966) bestünde darin, daß jene das „Ziel der Befreiung Ostdeutschlands frontal angingen", während Kiesingers „Entspannungspolitik" darauf hinauslaufe, das Bündnis der DDR mit der Sowjetunion „auf Umwegen und allmählich zu lockern".

18. OKTOBER 1967
Frankfurter Richter beschlagnahmt Braunbuch
Die „Frankfurter Rundschau" meldet: „Kurz nach Öffnung (*der Buchmesse - d. Verf.*) erschien am Morgen ein Richter in Begleitung von Kriminalbeamten am Stand des Staatsverlages der DDR. Der Richter - es handelt sich um Amtsgerichtsrat Pawlik - wies einen Beschlagnahmebeschluß des Amtsgerichts Frankfurt am Main vor und zog das ‚Braunbuch über Kriegs- und Naziverbrecher in der Bundesrepublik' ein."

19. OKTOBER 1967
Travelboard – DDR-Dienstreisende sollen als Bundesbürger reisen
Hermann H. und Herbert L., zwei CIA-Agenten, werden wegen Wirtschaftsspionage vom Obersten Gericht der DDR verurteilt.
Die gegen die sozialistischen Staaten gerichteten Embargobestimmungen sind inzwischen ausgeweitet und perfektioniert worden (Stahlembargo 1950, *Battle Act* und *Johnson Act*, US-Gesetze zum Verbot der Ausfuhr strategischer Waren und Verweigerung von Krediten an sozialistische

Staaten 1951, Kündigung des Berlin-Abkommens über den innerdeutschen Handel 1960, Cocom-Embargoliste). Internationale Gepflogenheiten und Handelsbräuche, insbesondere das Prinzip der Meistbegünstigung und des gegenseitigen Vorteils, werden ausgesetzt, Dienstreisekader der DDR durch Einführung eines *Travelboard* (Reisepaß für Einreisen in NATO-Staaten) und die Errichtung eines *Allied Travel Office* (ATO) diskriminiert. Mit der Übergabe des Travelboard werden sie unter Mißachtung ihrer DDR-Staatsbürgerschaft als Bundesbürger ausgewiesen. Diese Dienststelle in Westberlin erfaßt die Daten der Reisenden, ihre Reisegründe, ihre Reiseziele und vieles mehr. Der Westen ergreift juristische Maßnahmen zur Ausschaltung der Konkurrenz und zur wirtschaftlichen Diskreditierung der DDR auf Märkten des nichtsozialistischen Wirtschaftsgebietes. Patente, Warenzeichen, Firmennamen werden nicht anerkannt oder auf dem Rechtswege aberkannt (Deutsche Lufthansa der DDR wurde so zu Interflug, BMW Eisenach zu EMW, Carl Zeiss Jena behauptete sich gegenüber Zeiss Oberkochen) ...

Für die wirtschaftliche Störtätigkeit gibt es keine Regularien. Sie ergibt sich aus einem Geflecht institutioneller und nachrichtendienstlicher Aktivitäten, die auf einem gemeinsamen antikommunistischen Grundkonsens beruhen und die Destabilisierung der gesellschaftlichen Verhältnisse in der DDR und in anderen sozialistischen Staaten zum Ziel haben.

Die Ergebnisse der Aufklärungsmaßnahmen und die durch Ermittlungsverfahren gewonnenen Erkenntnisse machen eine zunehmende Verflechtung von Konzerninteressen mit Plänen der Geheimdienste bei der Organisierung subversiver Angriffe gegen die Volkswirtschaft der DDR deutlich. Dabei geht es allgemein um eine offensive Durchsetzung von Monopolinteressen. Bei der Realisierung dieser Zielsetzung wird ein längerfristiges Herangehen erkennbar. Beweise dafür liefern Aussagen und Unterlagen, die festgenommene Agenten gegnerischer Dienste bereits Anfang 1964 lieferten. Sie sind allesamt über längere Zeiträume unerkannt tätig gewesen. Häufig deckten sie ihre wahre

Rolle durch gute Arbeitsleistungen und Vortäuschen politischer und gesellschaftlicher Aktivitäten ab.

In den 60er Jahren werden in nahezu jeder VVB des Industriebereiches Elektrotechnik/Elektronik, in wichtigen Forschungseinrichtungen und Schlüsselbetrieben Wirtschaftsspione aufgespürt. Sie bekleiden dort leitende oder mittlere Funktionen. So verhielt sich das auch bei einem Leiter der Zentralen Entwicklungsstelle für Infrarot-Wärmestrahlung, der sich ein zusätzliches Einkommen bei der CIA und dem Siemens-Konzern verdiente. Er hatte Forschungs- und Entwicklungsarbeiten fehlorientiert und durch die Bindung wissenschaftlicher Kapazitäten sowie Verzögerungen bei der Überführung der erarbeiteten Teilergebnisse in die Produktion Schäden mit Langzeitwirkung für die Volkswirtschaft der DDR verursacht.

Im Jahre 1967 gelingt es, den Handelsvertreter Hermann H. aus Westberlin und den BRD-Kaufmann Herbert L. wegen Verdachts der Spionage festzunehmen. Nach Abschluß der Ermittlungsverfahren werden sie vor dem Obersten Gericht der DDR angeklagt und am 19. Oktober 1967 verurteilt. Im Urteil heißt es: „Der Angeklagte H. war in Westberlin als selbständiger Handelsvertreter tätig und vermittelte Geschäfte mit Außenhandelsunternehmen der DDR. Er war Anfang 1960 von der CIA zur Spionage gegen die DDR angeworben worden und erhielt dafür monatliche Zuwendungen zwischen 200 und 1500 DM. Er hatte einen umfassenden Spionageauftrag, der weit über seinen unmittelbaren Auftrag – Ausspähung der Außenwirtschaft der DDR und besonders des Industriezweiges Bauelemente/ Vakuumtechnik und der dort tätigen Wirtschaftskader – hinausging."

H. lieferte unter dem Decknamen „Otto" auch Informationen militärischen Charakters und zur inneren Lage in der DDR. Im Jahre 1962 bezog er den Technischen Direktor des VEB Heimelektrik in seine Spionagetätigkeit ein. Von diesem erhielt er 1965 eine Aufstellung der kapitalistischen Staaten, die Transistoren in die DDR lieferten. Auf dieser Aufstellung waren USA-Embargowaren besonders gekennzeichnet. Seit 1960 war es ihm gelungen, über 15

Außenhandelsunternehmen (AHU) den USA-Geheimdienst interessierende Informationen zur liefern. Er informierte über die wirtschaftliche Zusammenarbeit im RGW auf dem Bauelementesektor, lieferte eine Aufstellung über alle in der DDR produzierten Transistoren in den Jahren 1962/63, das komplette Absatzprogramm der VVB Bauelemente, die Patentsituation, die technische Konzeption und die Forderungen der VVB an die Forschung. Im Jahre 1965 wurde H. mit nachrichtendienstlichen Hilfsmitteln ausgerüstet.

Seit 1960 charakterisierte er etwa 100 Reisekader der DDR. Neben Einzelheiten über die Tätigkeit von Handelsvertretern der DDR im kapitalistischen Ausland informierte H. auch über deren geschäftliche und persönliche Beziehungen zu 30 westlichen Gesprächspartnern. Im Jahre 1962 verriet er seinen Auftraggebern eine Westberliner Firma, die Embargogüter an die DDR verkaufte.

Auf der Basis der von ihm gelieferten Informationen wurden Waren, die für die DDR bestimmt waren, noch im Westen aufgekauft, wodurch es zu „Lieferschwierigkeiten" kam, was sich nachteilig auf die DDR auswirkte. Man verzögerte die Erteilung von Genehmigungen und hielt sich an Formalitäten fest. Es gehörte ferner zu seinem Auftrag, Möglichkeiten zu erkunden, gefährdete Agenten oder qualifizierte Fachkräfte auszuschleusen.

H. bekam insgesamt 50000 DM von der CIA.

Im Prozeß gegen Hermann H. und Herbert L. vor dem Obersten Gericht bescheinigen Gutachter: „Da die offene Ausplünderung der DDR durch die Maßnahmen ihrer Regierung vom 13. August 1961 nicht mehr möglich ist, rücken unter den Methoden zur Herstellung und Vertiefung einer Abhängigkeit der DDR von den westdeutschen Monopolen konspirative Aktionen und der bewußte Mißbrauch des Handels zwischen der DDR und Westdeutschland sowie Westberlin immer mehr in den Vordergrund. Dabei wird versucht, auf Tempo und perspektivische Entwicklung der strukturbestimmenden Zweige der Volkswirtschaft Einfluß zu nehmen, Forschung und Entwicklung sowie Produktion negativ zu beeinflussen und den Auf- und Ausbau der Betriebe der DDR so zu steuern, daß

Störungen und Schäden hervorgerufen und im Interesse westdeutscher Konzerne liegende Entwicklungen erreicht werden (...)
Ausdrücklich hat der Zeuge T. bestätigt, daß seine Tätigkeit dem Ziel diente, die Energiewirtschaft der DDR von westdeutschen Konzernen abhängig zu machen, um schließlich zu einem beliebigen Zeitpunkt die Ernergieerzeugung der DDR völlig zusammenbrechen lassen zu können. Unterstrichen werden die Schlußfolgerungen auch dadurch, daß der Beschuldigte H., der Zeuge C. und andere bereits früher verurteilte Agenten den Auftrag hatten, vor allem Schwierigkeiten der Wirtschaftsorgane der DDR beim Bezug von dringend benötigten Rohstoffen und Materialien zu erkunden und derartige Engpässe festzustellen, weil sich hier eben besonders günstige Ansatzpunkte für die Anwendung ökonomischen Drucks und erpresserischer Methoden ergeben."

24. JUNI 1968
Bonner Notstandsgesetze mit Folgen für DDR-Bürger
Der Deutsche Bundestag beschließt eine Notstandsverfassung und neun einfache Notstandsgesetze. Dazu gibt es 60 Notverordnungen, u. a. für die Polizei, den Verfassungsschutz und für ein Kriegsstrafrecht. Diese sind unverändert gültig oder wurden durch andere Gesetze (Großer Lauschangriff) noch verschärft. Sie waren (und sind) auf die Sicherung und Aufrechterhaltung der gesellschaftlichen Herrschaftsstrukturen in Phasen eines inneren Notstandes, ökonomischer Krisen und sozialer Konflikte gerichtet und tangieren insofern auch die DDR.
Einige Beispiele aus dem 17. Gesetz zur Ergänzung des Grundgesetzes vom 24. Juni 1968 (Notstandsgesetze), die die Einschränkung bzw. Außerkraftsetzung grundlegender Verfassungsrechte vorsehen:
1. Zur Beschränkung des Brief-, Post- und Fernmeldegeheimnisses nach Art. 10 GG:
Für die Post- und Telefonüberwachung eines Bürgers durch die Staatsschutzorgane genügen bereits „Anhaltspunkte", also vage Verdachtsmomente. Die Vorausset-

zungen für entsprechende Überwachungsmaßnahmen sind so weit und unbestimmt gefaßt, daß jeder damit rechnen muß, bespitzelt zu werden. Erlaubt werden über Jahre dauernde Überwachungsmaßnahmen, auch Eingriffe gegen unbeteiligte Dritte. D. h. auch die Kontrolle von Firmen-Anschlüssen und politischen Organisationen, in denen ein Verdächtiger beschäftigt ist.

Um militärische Überraschungen auszuschließen, erlaubt das G-10-Gesetz die „strategische" Überwachung des Telefonverkehrs und die umfassende Richtfunkkontrolle durch den Bundesnachrichtendienst. Damit wird der gesamte grenzüberschreitende Telefonverkehr überwacht.

Bis zum Inkrafttreten dieses Gesetzes führten die drei Besatzungsmächte diese Kontrollen durch.

2. Dienstpflicht und Arbeitszwang:

Art. 12a Abs. 6 GG gab die Möglichkeit der Beschränkung der Freiheit, den Beruf oder Arbeitsplatz aufzugeben, beinhaltet also die Arbeitsplatzbindung.

Im Verteidigungsfall kann fast die Gesamtheit der männlichen Bevölkerung im arbeitsfähigen Alter zu zivilen Dienstleistungen verpflichtet werden. Dabei handelt es sich also um eine Form des Arbeitszwanges.

Nach den vom Bundesarbeitsgericht entwickelten Grundsätzen ist das Streikrecht der Dienstverpflichteten in jedem Falle ausgeschlossen. Das „Notstandsarbeitsrecht" weicht in entscheidenden Punkten von den tragenden Prinzipien des geltenden Arbeitsrechts ab. Die Position der Arbeitgeber und ihrer Verbände wurde erheblich gestärkt, die der Arbeitnehmer und ihrer Gewerkschaften als soziale Vertretung dagegen erheblich geschwächt.

3. Zum Widerstandsrecht:

Art. 87a IV und 91 I GG erlauben den massierten Einsatz von koordinierten Polizeitruppen, Bundesgrenzschutz und Bundeswehr im Inneren „zur Abwehr einer drohenden Gefahr für (...) die freiheitliche demokratische Grundordnung". Also Einsatz auch der Bundeswehr im Inneren gegen das eigene Volk als äußerstes Mittel, z.B. im Fall eines Bürgerkrieges.

4. Der Gemeinsame Ausschuß:

Art. 53a des GG erlaubt dem *Gemeinsamen Ausschuß* gesetzgeberische Befugnisse auszuüben, die über das in normalen Zeiten dem Gesetzgeber Erlaubte hinausgehen. Faktisch bedeutet das die Ausschaltung des Parlaments und die Übertragung diktatorischer Vollmachten an ein „Notparlament".

Der *Gemeinsame Ausschuß* nimmt Gesetzesbefugnisse des Bundestages und des Bundesrates einheitlich wahr. Da der Ausschuß aus je einem Vertreter der Landesregierungen und der doppelten Anzahl Bundestagsabgeordneter nach den Fraktionsstärken besteht, kann von einer Mitwirkung der Länder an der Bundesgesetzgebung nicht die Rede sein.

5. Nach Art. 115c Abs. 2, Ziffer 2 GG ist die Freiheitsentziehung statt 24 Stunden vier Tage möglich, wenn ein Richter nicht innerhalb der für Normalzeiten geltenden Frist tätig werden konnte.

Die „Notverordnung über Sicherheitsmaßnahmen" geben der Polizei das Recht, ohne richterlichen Haftbefehl Staatsgefährder, politisch Unzuverlässige, Sabotage-, Hoch- oder Landesverratsverdächtige in „Gewahrsam" zu nehmen.

Die DDR besaß bis zum Ende ihrer Existenz keine gesetzlichen Vorschriften für den Ernstfall. Das dürfte wohl auch einer der Gründe für das fehlende Krisenmanagement und den chaotischen Zusammenbruch aller Strukturen gewesen sein.

21. AUGUST 1968
Intervention in der CSSR – aber ohne die DDR

Mit einer konzertierten Aktion der Warschauer Vertragsstaaten wird die Tschechoslowakei besetzt. Damit endet ein gesellschaftliches Experiment, das als „Prager Frühling" in die Geschichte eingehen sollte. Teile der Prager KP-Führung hatten versucht, den Sozialismus mit bürgerlichen Freiheiten zu verbinden. Ihre gesellschaftlichen Experimente provozierten im Ausland Aufmerksamkeit. Der Westen nutzte die sich auftuenden Chancen zur Einflußnahme, in Moskau hingegen sah man die Gefahr eines Herausbrechens der CSSR aus dem Bündnis und intervenierte gemäß Breshnew-Doktrin.

DDR-Streitkräfte beteiligen sich nicht am Einmarsch.

Dennoch wird in der Bundesrepublik bis zum heutigen Tage Gegenteiliges verbreitet. Man wollte und will ein Gleichheitszeichen setzen zwischen der Hitlerwehrmacht, die 1939 einmarschiert war, und der NVA. Tatsache ist, daß namentlich Staats- und Parteichef Walter Ulbricht sich der Aufforderung Moskaus widersetzte und die DDR-Truppenkontingente vor der Grenze aus den Marschkolonnen ausscheren ließ.

4. JUNI 1969
Auf diplomatischem Parkett
Auf die am 8. Mai aufgenommenen diplomatischen Beziehungen zwischen Kambodscha und der DDR reagiert Bonn, indem es seine diplomatischen Beziehungen einfriert. Die Bestimmungen der noch geltenden Hallstein-Doktrin werden somit modifiziert; am 11. Juni kündigt Kambodscha daraufhin die Beziehungen zur BRD.

HERBST 1969
Mord im Transitverkehr
Straftaten im Transitverkehr zwischen der BRD und Westberlin aufzuklären erweist sich als besonders schwierig, da es kein Rechtshilfeabkommen zwischen der DDR und der BRD gibt. Im Herbst 1969 wird die BRD-Bürgerin Maria H. auf einem Parkplatz bei Eisenberg (Thüringen) ermordet und ihre Leiche bei Leipzig abgelegt. Der Täter schleust mit den Papieren der Ermordeten die DDR-Bürgerin Elke K. aus.

1969
Die „Konterrevolution auf Filzlatschen" beginnt
In Bonn und in der Welt vollziehen sich gravierende Veränderungen. Die Entwicklung zur Anerkennung des Status quo, einschließlich der damit verbundenen Staatsgrenzen, die Herstellung und Vertiefung der politischen, wirtschaftlichen, wissenschaftlich-technischen und kulturellen Beziehungen zu den sozialistischen Staaten ist Ausdruck des veränderten Kräfteverhältnisses. Die Westseite sieht andererseits neue Chancen, durch eine Politik des „Brückenschlags" neue Möglichkeiten der Einwirkung zu schaffen

und den Weg für einen inneren „Wandel des Ostblocks" zu ebnen.

Auf ein derartiges strategisches Vorgehen hatte USA-Präsident Lyndon B. Johnson im Mai 1965 laut „Die Welt" vom 10. Mai 1965 mit folgender Erklärung hingewiesen: „Wir müssen den langsamen Zerfall des Eisernen Vorhangs beschleunigen. Indem wir Brücken zwischen den Ländern Osteuropas und des Westens schlagen, bringen wir den Tag näher, an dem Europa innerhalb seiner weiten geschichtlichen Grenzen wiederhergestellt werden kann."

Als „Vater" des Übergangs der USA von der gescheiterten antikommunistischen Strategie des Frontalangriffs zur „Evolutionskonzeption" gilt Zbigniew K. Brzezinski. Seine Theorie, die er erstmalig 1962 in seinem Buch „Der Sowjetblock. Einheit und Konflikt" in Grundrissen darstellte, verallgemeinerte Erfahrungen der USA bei der Realisierung ihrer Strategien zur Beseitigung der Sowjetunion und des Ostblocks. Sein Buch „Alternative zur Teilung", Mitte der 60er Jahre entstanden, wurde faktisch zum Lehrbuch für die Strategie der „westlichen Demokratisierung" und des „inneren Wandels" der sozialistischen Länder. Von 1977 bis 1981 war Brzezinski Sicherheitsberater des US-Präsidenten Jimmy Carter. (Gegenwärtig ist er Professor in Washington und Berater am „Zentrum für Strategische und Internationale Studien" [CICS] der USA.)

Im Vorwort zu Brzezinskis jüngstem Buch „Die einzige Großmacht. Amerikas Strategie der Vorherrschaft" unterstützt Ex-Außenminister Hans-Dietrich Genscher die Thesen Brzezinskis. Das ist nicht verwunderlich: Brzezinskis Evolutionskonzeption bildete das Rückgrat der von der Regierung unter Willy Brandt seit 1969 verfolgten „neuen Ostpolitik". Und die wiederum korrespondierte mit Egon Bahrs Formel „Wandel durch Annäherung", die der SPD-Politiker 1963 entwickelte. „Bahrs Formel paßt auf alles, was die Bundesregierungen von 1969 bis 1989 versuchten", schrieb Peter Bender in seiner Analyse zur „Karriere des Begriffs Wandel durch Annäherung".

Otto Winzer, Außenminister der DDR von 1965 bis 1975, bezeichnet dieses Konzept als „Konterrevolution auf Filzlatschen". Egon Bahr bestätigt diese Bewertung bei verschiedenen Anlässen mit bemerkenswerter Offenheit. Die „neue Ost- und Deutschlandpolitik" habe den notwendigen Vorlauf geschaffen, auf dem andere aufgebaut hätten.

21. MAI 1970
Treffen Stoph und Brandt
Bei dem zweiten Treffen von DDR-Ministerpräsident Willi Stoph und Bundeskanzler Brandt in Kassel demonstrieren Tausende Rechtsextreme, zerreißen die „Spalterflagge" und verhindern zunächst eine gemeinsame Kranzniederlegung für die Opfer des Faschismus.

12. JUNI 1970
Ostpolitik der SPD von CDU attackiert
Auszüge aus dem vertraulichen „Bahr"-Papier der SPD werden durch gezielte Indiskretion öffentlich gemacht; die CDU wirft der Bundesregierung Ausverkauf und Verzichtspolitik vor.

7. NOVEMBER 1970
Attentat
Am sowjetischen Ehrenmal in West-Berlin schießt der 21jährige Ekkehard Weil auf einen sowjetischen Wachsoldaten. Er will die „Annäherung zwischen SPD und Kommunisten" verhindern. Das britische Militärgericht verurteilt ihn zu einer Freiheitsstrafe von 6 Jahren.

JANUAR 1971
Ostbüro der SPD aufgelöst – aber Hunderttausende DDR-Bürger sind in Dossiers erfaßt
Das Ostbüro der SPD wird aufgelöst. Während der Existenz waren mehrere Hunderttausend Namen und Biographien von Ostdeutschen gesammelt worden.
Helmut Bärwald, seit 1949 leitender Mitarbeiter und von 1966 bis 1971 Leiter des Ostbüros der SPD, macht auf diese Dossiers später aufmerksam: „Das bis zum Ende des Ostbüros ständig erweiterte und vervollständigte Archiv wurde im Laufe der Jahre in etwa 450 Sachgebiete geglie-

dert. Der 44seitige Archivplan liest sich wie ein Leitfaden durch die Geschichte der SBZ/DDR.

Da gibt es zum Beispiel, zum Teil mehrfach untergliedert, Sachgebiete über die Entwicklung deutscher Behörden in der SBZ sowie über die Sowjetische Militäradministration in Deutschland (SMAD). So z.B. zu Länderregierungen, Polizei, Nationaler Volksarmee mit Vorläufern, Justiz, Wirtschaft, Handel, Land- und Forstwirtschaft, zur Industrie, Versorgung, Kultur, zum Verkehr.

Es gab fast keinen Bereich, über den im Archiv des Ostbüros nichts zu finden war. In etwa 40 Sachgebieten wurden Informationen über die SED (einschließlich ihrer Entwicklung) einsortiert; in zahlreichen Sachgebieten wurden Informationen über die anderen Parteien und (...) Massenorganisationen in der SBZ/DDR (FDGB, FDJ u.a.) gesammelt (...) Etwa 50 Sachbereiche enthielten Informationen über den staatlichen Aufbau der DDR; zum Beispiel über die Volkskammer, den Staats- und Ministerrat und über die Ministerien, selbstverständlich auch über das Ministerium für Staatssicherheit und das Ministerium für Justiz. Ein in 20 Bereiche untergliedertes Sachgebiet trägt die Bezeichnung ‚Infiltration, Aufweichung, Verdeckter Kampf' etc. (...) Das Ostbüro unterhielt außerdem ein umfangreiches Personenarchiv mit Hunderten, wenn nicht Tausenden Akten (...) sowie ein umfängliches Publikationsarchiv, zumeist mit Primärliteratur (Zeitungen, Zeitschriften, Bücher und andere Publikationen) aus der SBZ/DDR, aus der Sowjetunion und anderen Ostblockländern. Parallel zum Aufbau und zur ständigen Weiterentwicklung des Archivs wurde eine Personenkartei eingerichtet und bis zum Ende des Ostbüros im Januar 1971 ständig mit neuen Daten und Archivhinweisen ‚gefüttert'. Von Anfang an galt das Prinzip: Erfaßt und mit Archivhinweisen versehen wird jede Person, die in dem beim Ostbüro hereingekommenen, überprüften und als zuverlässig befundenen Informationsmaterial namentlich genannt wird. Auf diese Weise konnte das Ostbüro zum Beispiel über viele Jahre hinweg etliche ‚Karrieren' im Apparat der SED, des Staatssicherheitsdienstes, in Justiz, Wirtschaft, im

Militärapparat oder in anderen Bereichen der SBZ/DDR kontinuierlich verfolgen (...) Am Ende des Ostbüros enthielt die Kartei mehrere hunderttausend Namen und ein Mehrfaches an Archivhinweisen."

26. APRIL 1971
Eingeständnis, spioniert zu haben
Das Hamburger Nachrichtenmagazin „Der Spiegel" erinnert sich in Heft 17 der Vergangenheit. Die Offenheit war vermutlich auch Folge der neuen Bonner Ostpolitik.
„Die Organisation Gehlen nistete sich noch tiefer im politischen Intimbereich der DDR ein (...) Sie drang sogar bis in das Arbeitszimmer des ersten Ministerpräsidenten der Deutschen Demokratischen Republik, Otto Grotewohl, vor (...) Der Sozialdemokrat Laurenz war 1946 nach dem Zusammenschluß von KPD und SPD in die SED übernommen worden. Drei Jahre später schloß die Parteileitung den überzeugten Nichtkommunisten wieder aus, 1951 kam er vorübergehend in Haft: als Feind der DDR. Gleichwohl blieb er auf seine Art dem Regime eng verbunden: Seine Braut, die 42jährige Elli Barczatis, stand dem höchsten Regierungsfunktionär der Sozialistischen Einheitspartei zu Diensten. Sie arbeitete als Chefsekretärin im Vorzimmer des Ministerpräsidenten Grotewohl. 1953 kam ein Berliner V-Mann-Führer Gehlens mit Laurenz zusammen, der ihm erzählte, für ihn sei der Ex-Sozialdemokrat Grotewohl, der Chef seiner Braut, ein Verräter an der SPD. Der Gehlen-Mann horchte auf. Er überredete Laurenz, Elli Barczatis für eine Mitarbeit in der Org zu gewinnen. Die Werbung hatte Erfolg (...) Am Abend traf sich Elli Barczatis in ihrer Köpenicker Wohnung mit Laurenz, der tagsüber als Dolmetscher für DDR-Behörden arbeitete, und vertraute ihm an, was sie Stunden zuvor im Zimmer des Regierungschefs stenographiert und protokolliert, auf ihrer Schreibmaschine niedergeschrieben und am Vervielfältigungsgerät kopiert hatte. Laurenz wechselte anderntags über die Sektorengrenze nach West-Berlin und traf sich dort mit seinem V-Mann-Führer. Er übergab ihm Durchschläge von Grotewohls Geheimpapieren; was er

nicht schriftlich mitbringen konnte, trug er mündlich vor."
Und über die Praktiken der Agenten: „Auf jeder Fahrt durch die DDR mußte der Kurier gegenüber der Volkspolizei eine ‚Legende' bereithalten: Er sollte einen fingierten Reisegrund glaubwürdig erläutern können. Um ihn nicht unnötigen Gefahren auszusetzen, verwendete die Organisation mehrere Kuriere für die gleiche Sendung; sie bildeten eine Stafette von Ost nach West: Der erste Kurier legte zum Beispiel eine Nachricht aus Leipzig in einen Toten Briefkasten bei Magdeburg. Von dort beförderte ein zweiter Bote das Material in die Nähe der Zonengrenze, wo es wiederum in einem TB verschwand. Ein dritter Mann trug die Spionagebeute in einen Grenzwald und versteckte sie in einem Gebüsch auf westlicher Seite, wo sie dann von einem vierten Kurier aufgelesen und zur ersten Gehlen-Dienststelle in Westdeutschland gebracht wurde."

15.-19. JUNI 1971
Die Einheit von Wirtschafts- und Sozialpolitik

Der VIII. Parteitag der SED wählt Erich Honecker zum Ersten Sekretär des Zentralkomitees der SED. Auf ökonomischem Gebiet wird „die Aufgabe gestellt, den Bedarf der Bevölkerung zu einer der entscheidenden Ausgangsgrößen für die Produktion und Versorgung zu machen". Das ist neben anderen Entscheidungen eine deutliche Akzentverschiebung gegenüber der Politik Ulbrichts.

Zuweilen wird behauptet, daß diese strategische Zielstellung die Ursache der ökonomischen Probleme, von Mangelerscheinungen und Demotivation der Bevölkerung darstellt. Das ist nicht richtig. Wenn die deutschen Gewerkschaften – und nicht erst seit heute – darum kämpfen, daß die Löhne der Arbeiter und Angestellten entprechend dem Produktivitätsfortschritt wachsen sollen, liegt dem die gleiche Überlegung zugrunde.

Eine Hauptursache für die Probleme der ökonomischen Entwicklung der DDR sind die durch die ökonomische Basis nicht gesicherten, voluntaristisch begründeten Zielstellungen unter den sich grundlegend verändernden weltwirtschaftlichen Bedingungen, besonders der rapiden Erhöhung der Rohstoffpreise, allen voran Erdöl und Erdgas. Der Preis des Erdgases stieg von 2–3 $ pro Barrel 1970 auf 16–17 $ 1979 und wurde 1979/80 noch einmal auf 30 bis 35 $ verdoppelt. Die UdSSR verringerte ihre langfristig vereinbarten Lieferungen von Erdöl an die DDR binnen Jahresfrist von rd. 19 auf 17 Mio. t; und im RGW wurde beschlossen, im Handel zwischen den sozialistischen Ländern unter Berücksichtigung einer Anpassungsfrist von fünf Jahren die Preise auf das Niveau der Weltmarktpreise zu erhöhen. Das hatte zur Folge, daß die Preise pro t Erdöl, die die DDR an die UdSSR zu zahlen hatte, von 13 Rbl 1970 auf 70 Rbl 1980 und 168 Rbl 1985 anstiegen. Während sich der materielle Inhalt der Lieferungen der UdSSR von 1970 bis 1980 lediglich auf 107 % erhöhte, wuchs der Umfang der notwendigen Exporte der DDR allein von 1979 bis 1985 auf 245 %. Die DDR begegnete diesen Schwierigkeiten u.a. durch die Verwirklichung des sogenannten „Heizölprogramms" in der ersten Hälfte der 80er Jahre, mithilfe dessen durch forcierte Steigerung der Braunkohlenförderung der Ausfall der Erdöllieferungen aus der UdSSR ausgeglichen und zusätzlich noch einmal ca. 6 Mio t Erdölprodukte aus dem inneren Verbrauch der DDR für den Export, hauptsächlich in die BRD und angrenzende Länder, zur Devisenerwirtschaftung freigesetzt wurden. Die Rohbraunkohleförderung eines der weltgrößten Produzenten wurde von 258 Mio. t 1982 auf 312 Mio t 1984/85 erhöht, d. h. innerhalb von fünf Jahren um 21 %. Das erforderte die Umverteilung von rd. 15 Mrd. M Investitionen – was etwa der Größe aller Investitionen eines Jahres für die Bereiche Land- und Forstwirtschaft, Bauwesen, Verkehr und Post- und Fernmeldewesen entsprach. Das hat die durch die Reparationsleistungen außerordentlich geschwächte und durch Disproportionen gekennzeichnete Wirtschaft der DDR erneut schwer belastet.

4. JANUAR 1972
Unannehmbar?
Der CDU-Vorsitzende Rainer Barzel bewertet die Ostver-

träge: „Die DDR, wie sie ist, ist eine politische Realität. Sie ist aber deshalb nicht schon eine annehmbare Realität, der wir ohne Gegenleistung Brief und Siegel zu geben haben."

9. JANUAR 1972
Aktion vom Bundesgrenzschutz
Während der Durchfahrt durch den Nord-Ostsee-Kanal flieht ein DDR-Bürger von einem Motorschiff und teilt dem Bundesgrenzschutz mit, daß sich seine Frau und sein Kind noch als blinde Passagiere auf dem Schiff befinden. Der Bundesgrenzschutz holt die beiden unter Anwendung von Gewalt gegen Kapitän und Besatzung vom Schiff.

AUGUST 1972
Verfassungsschutz darf auch Ostdeutsche bespitzeln
Der Bonner Bundestag beschließt eine Änderung zum geltenden Verfassungsschutzgesetz, womit das Ausspionieren von Bundes- und DDR-Bürgern verbessert werden soll.

Es ist bezeichnend, daß erhebliche Kräfte und Mittel des BfV, der LfV und der anderen „Schutz- und Sicherheitsorgane" der BRD vornehmlich auf die Kontrolle linker und oppositioneller Parteien und Organisationen wie der KPD, DKP, FDJ, der Friedens- und Ökologiebewegung und antifaschistischer Bündnisse gerichtet sind. Die Unterwanderung mit V-Leuten, die Anwendung der geheimen Ton- und Bildaufzeichnungen („Wanzen"), der Post- und Telefonkontrolle (G 10-Gesetz), Observation, Datenerfassung in zentralen Dateien wie im System „NADIS" (Nachrichtendienstliches Informationssystem), und der Einsatz von „verdeckten Ermittlern" des Staatsschutzes sind tagtägliche Praxis. („V-Leute" dürfen nur das BfV/die LfV führen. „Verdeckte Ermittler" sind Polizeibeamte.) Das besondere Interesse des Verfassungsschutzes gilt vor allem den Kontakten zu DDR-Parteien, Organisationen und Bürgern im Rahmen der „gesamtdeutschen Arbeit".

Mit den Unkeler Richtlinien von 1954 und besonders dem Verfassungsschutz-Änderungsgesetz vom 7. August 1972 werden Aufgaben und Zusammenarbeit zwischen BfV und

LfV klarer geregelt, darunter auch die „Sammlung und Auswertung von Auskünften, Nachrichten und sonstigen Unterlagen über (...) sicherheitsgefährdende oder geheimdienstliche Tätigkeiten im Geltungsbereich dieses Gesetzes für eine fremde Macht". Die Spionageabwehr und die anderen dem Verfassungsschutz übertragenen Aufgaben zum Schutz der „freiheitlich demokratischen Grundordnung" können danach „unter Anwendung nachrichtendienstlicher Mittel" realisiert werden. Das Verfassungsschutzänderungsgesetz von 1972 beinhaltet auch Mitwirkungspflichten und Befugnisse des Verfassungsschutzes bei Sicherheitsüberprüfungen und der Gewährleistung des Geheimnisschutzes in der BRD.

Erst im Gesetz zur Fortentwicklung der Datenverarbeitung und des Datenschutzes vom 20. Dezember 1990 werden Arbeitsweise und Befugnisse von BfV/LfV ausführlich definiert.

Im § 8 des in Artikel 2 mit Anhang geregelten Bundesverfassungsschutzgesetzes heißt es dazu: „Das Bundesamt für Verfassungsschutz darf Methoden, Gegenstände und Instrumente zur heimlichen Informationsbeschaffung, wie den Einsatz von Vertrauensleuten und Gewährspersonen, Observationen, Bild- und Tonaufzeichnungen, Tarnpapiere und Tarnkennzeichen, anwenden." Und im § 10 wird dem BfV die Befugnis übertragen, „personenbezogene Daten in Dateien (zu) speichern, (zu) verändern und (zu) nutzen".

Der Verfassungsschutz betreibt unter der Bezeichnung „Nachrichtendienstliches Informationssystem" (NADIS) ein eigenes Informationssystem. In diesem sind, wie der Verfassungsschutzbericht 1995 beiläufig bemerkt, zu diesem Zeitpunkt Daten von 947 501 Personen gespeichert. 470 000 Speicherungen betreffen Personen, die Sicherheitsüberprüfungen unterworfen wurden. In jenem Verfassungsschutzbericht wurde auch eine Zahl von 35 000 organisierten Linksextremisten genannt. Anderen Angaben zufolge enthält „NADIS" sogar die Daten von insgesamt 18 Millionen Personen.

Zu diesem „Informationssystem" äußert sich 1998 der

frühere Abteilungsleiter des Bundesverfassungsschutzes, Hansjoachim Tiedge, in seinen Erinnerungen. „Denn anders als bei den Angehörigen der Sicherheitsbehörden und den Angehörigen der Ministerialbürokratie handelt es sich bei der Mehrzahl der Verkarteten um Personen, die wegen eines tatsächlichen oder vermuteten verfassungsfeindlichen Zusammenhangs in das Blickfeld der Sicherheitsbehörden gerieten und deswegen verkartet wurden.
Es sind aber nicht nur Agenten und politische Gewalttäter, Kommunisten und Faschisten verkartet worden, sondern eben auch eine große Zahl von Bürgern, die alles andere als Verfassungsfeinde sind (...) Da ist der junge Linke, der schon lange vor Tschernobyl, ja, noch vor der Entstehung der Grünen als politische Kraft, einen Aufkleber mit Antiatomkraftparolen am Auto hatte; da ist der politisch interessierte Staatsbürger, der aus Neugier oder aus echtem politischen Interesse eine Wahlveranstaltung einer vom Verfassungsschutz beobachteten Partei besuchte. Da ist der junge Mann, der am Wochenende auf dem Luftweg seine Tante in Ostberlin zu deren fünfzigstem Geburtstag besucht und das Pech hatte, in Tegel ‚getippt' worden zu sein. Da ist, da ist und da ist."
Es ist davon auszugehen, daß die Verfassungsschutzzentrale in Köln zwischenzeitlich nicht nur die personenbezogenen Daten der ehemaligen Mitarbeiter des MfS und anderer Schutz- und Sicherheitsorgane der DDR gespeichert hat, sondern auch die anderer „Belasteter" aus weiteren Organen und Einrichtungen der DDR.
In der vom selben Geheimdienst angelegten sogenannten „Verbunddatei" seien zudem etwa 1,5 Millionen Bundesbürger (Abgeordnete, Richter, Betriebsräte und Studenten) nachrichtendienstlich erfaßt. Das wird in einem Gesetzentwurf festgestellt, der von der dem 12. Deutschen Bundestag angehörenden Abgeordneten Ingrid Köppe (Bündnis '90/Grüne) eingebracht worden war.
Darin wurde zugleich nachgewiesen, daß der BND als geheimer Auslandsnachrichtendienst der BRD trotz des für ihn geltenden Verbots jeglicher Inlandsaufklärung systematisch Bundesbürger ausspäht. So führt er demnach eine

umfangreiche Datensammlung, die sogenannte „54er Kartei", über das Intimleben von Politikern.

In seinem Buch „Schnüffler ohne Nase. Der BND – die unheimliche Macht im Staat" belegt der Autor Erich Schmidt-Eenboom, daß der BND zumindest bis 1990 eine flächendeckende Post- und Telefonkontrolle der Verbindungen sowohl nach wie auch aus der DDR durchführte. Er beziffert die Zahl der Postsendungen, die dazu vom BND heimlich gelesen wurden, auf jährlich 2,1 Millionen. Die persönlichen Beziehungen Hunderttausender Bundesbürger zu DDR-Bürgern werden so erforscht und in Westberlin dokumentiert. Beim Verdacht auf „enge Beziehungen zur DDR" werden die Erkenntnisse an den Bundesverfassungsschutz weitergereicht.

21. DEZEMBER 1972
Grundlagenvertrag geschlossen
Die BRD und die DDR schließen einen Grundlagenvertrag ab, der folgende Klauseln enthielt: „Die Deutsche Demokratische Republik und die Bundesrepublik Deutschland entwickeln normale gutnachbarliche Beziehungen zueinander auf der Grundlage der Gleichberechtigung (...) Die Deutsche Demokratische Republik und die Bundesrepublik Deutschland werden sich von den Zielen und Prinzipien leiten lassen, die in der Charta der Vereinten Nationen niedergelegt sind, insbesondere der souveränen Gleichheit aller Staaten (...) Die Deutsche Demokratische Republik und die Bundesrepublik Deutschland gehen von dem Grundsatz aus, daß die Hoheitsgewalt jedes der beiden Staaten sich auf sein Staatsgebiet beschränkt. Sie respektieren die Unabhängigkeit und Selbständigkeit jedes der beiden Staaten in seinen inneren und äußeren Angelegenheiten."

1972
Rückgang bei Anschlägen auf die Volkswirtschaft, die Angriffe auf die Köpfe nehmen jedoch zu
Von 1971 bis 1974 geht die Gesamtsumme der durch Brände, Havarien und Störungen verursachten Schäden in der

Chemischen Industrie und im Energiesektor um etwa die Hälfte zurück, obwohl der Sachschaden noch immer 57,4 Millionen Mark (ohne Produktionsausfälle und Folgeschäden) beträgt.

In der Bundesrepublik konstituiert sich eine „Gesellschaft für Menschenrechte". Deren Wurzeln reichen weit zurück.
Nach 1917 entstand aus dem bewaffneten Widerstand weißrussischer Konterrevolutionäre die antisowjetische Organisation NTS (*Narodno Trudowoi Sojus*, NTS, zu deutsch *Volksarbeit*). Nach dem faschistischen Überfall auf die Sowjetunion war die NTS eine Filiale der Gestapo, und ihre Mitglieder und Sympathisanten galten als Kaderreservoir der Einsatzkommandos faschistischer Geheimdienste. Ihre Aktivisten und deren Verbindungen in die UdSSR wurden nach 1945 vom britischen Geheimdienst SIS übernommen. Später traten sie in die Dienste der CIA, 1955 schlossen sie einen Vertrag mit dem BND, der jährlich 70000 DM Steuergelder dem NTS zukommen ließ. 1972 bildeten eine Gruppe ausgewählter leitender Mitarbeiter des NTS und Vertreter anderer rechtskonservativer und neofaschistischer Organisationen in der Bundesrepublik im Auftrag der CIA die „Gesellschaft für Menschenrechte" (GfM), seit 1981 „Internationale Gesellschaft für Menschenrechte" (IgfM), mit Sitz in Frankfurt am Main. Die NTS-Kader und Gründungsmitglieder der GfM/IGfM Iwan Agrusow, Wladimir Flerow und Leonid Müller waren zu verschiedenen Zeiten leitend in der Westberliner Residentur des NTS für Militärspionage gegen die DDR und die Gruppe der sowjetischen Streitkräfte in Deutschland (GSSD) verantwortlich und zugleich Hauptresidenten des britischen Geheimdienstes. Agrusow hatte als Hilfspolizist und Kollaborateur der faschistischen Wehrmacht an Erschießungen von Sowjetbürgern teilgenommen. Er wurde durch die UdSSR international gesucht.
Das Leitungsgremium der IGfM wird später ergänzt durch „DDR-Flüchtlinge", von denen nicht wenige zuvor als Agenten westlicher Geheimdienste in der DDR tätig waren bzw. nach ihrem Übertritt in die BRD von westlichen Nachrichtendiensten angeworben wurden.

1973

Zum „Arbeitsausschuß DDR" der IGfM gehören die ehemaligen DDR-Bürger Dr. Reinhard Gnauck, Erhard Göhl und Dr. Wulf Rotenbächer.

Die IGfM fordert in der von ihr herausgegebenen Publikation „DDR heute", die in der DDR verständlicherweise nicht zugelassen ist, aber illegal verbreitet wird, und in der von Gerhard Löwenthal moderierten Sendung im ZDF „Hilferufe von drüben" dazu auf, Anträge auf Ausreise zu stellen. Sie gibt Anleitung für die Formulierung der Anträge und für Verhaltensweisen bei Gesprächen mit Mitarbeitern der Abteilungen Inneres und anderer Organe. Im „ZDF-Magazin" werden Hilfe und Unterstützung für Ausreisebegehren angeboten sowie erfolgreiche Aktionen publiziert.

Die IGfM wird durch bundesdeutsche Behörden gefördert und unterstützt und genießt die Sympathien von BRD-Politikern, vor allem solchen aus dem rechten Spektrum.

ENDE MAI 1973
Erich Honecker sägt nicht mehr an den Antennen

Erich Honecker erklärt in einem Interview, „daß die westlichen Massenmedien, vor allem den Rundfunk und das Fernsehen der BRD, bei uns jeder nach Belieben ein- und ausschalten kann".

1962 waren Mitglieder der Jugendorganisation FDJ noch auf die Dächer geklettert, um in der Aktion „Ochsenkopf" jene Antennen abzusägen, die nach Westen ausgerichtet waren. Manchem Funktionär und Leiter, die Enthaltsamkeit geübt hatten, scheint dieser Satz daher wie eine Einladung. Es gleicht aber eher eine Kapitulation vor dem Ist-Zustand. Der Rang und die Reichweiten der elektronischen Massenmedien sind derart gewachsen, daß kein Land in Europa wie unter einer Käseglocke abzuschirmen ist. Die massenhafte Produktion von Fernsehgeräten rückt dieses Medium mit seiner Breiten- und Tiefenwirkung auf Platz 1. Das „mit eigenen Augen Gesehene" wirkt ungleich überzeugender als das Gehörte oder Gelesene. Man vergißt, daß es ja nicht die „eigenen Augen" sind, daß man mit einer Kamera genau so lügen kann wie mit einer Schreibmaschine und daß der Haupteinfluß ohnehin nicht über die politischen Sendungen des Westens erfolgt, die nur eine Minderheit interessieren. Die belanglosen Unterhaltungsprogramme sind einfluß- und erfolgreicher und locken Millionen von den Ostsendern weg. Die Werbesendungen wecken täglich Bedürfnisse, die im Osten nicht zu befriedigen sind. Daß da eine Infiltration einsetzt: vom Informieren über das Akzeptieren zum Propagieren der anderen Ideen, Ansichten, Werte und Leitbilder. Doch es gibt keine Alternative – außer dem Sieg des Sozialismus durch die Macht des Beispiels auf der Grundlage einer überlegenen Produktivität. Dazu hat es aber in wichtigen Alltagsbereichen nie gereicht. Nicht zuletzt wegen der Blockaden und Störaktionen des Westens, einschließlich des Wettrüstens bis zum Totrüsten.

1973
Im Schnitt pro Jahr eine Flugzeugentführung
Von 1962 bis 1973 werden vierzehn Versuche unternommen, DDR-Passagier- oder Agrarflugzeuge zu entführen. Davon gelingen vier. Die Entführer gehen in der Bundesrepublik entweder völlig straffrei aus oder erhalten nur sehr milde Urteile; die in der DDR Verurteilten werden nach der „Wende" rehabilitiert.

18. APRIL 1975
Etikettenwechsel
Der „Forschungsbeirat für die Fragen der Wiedervereinigung Deutschlands", der ausführliche Projekte erarbeitet hatte, wie die „Zone" nach der Wiedervereinigung zu verändern sei, geht ohne öffentliche Mitteilung in den „Arbeitskreis für vergleichende Deutschlandforschung" über.

19. DEZEMBER 1975
Fahnenflucht und Doppelmord an der DDR-Grenze – Freispruch im Westen
Der Gefreite der DDR-Grenztruppen Klaus-Peter Seidel und der Soldat Jürgen Lange werden an der Staatsgrenze ermordet. Der Mörder ist der Soldat Werner Weinhold des

NVA-Panzerregiments 14 – Spremberg. Am 15. Dezember 1975 flüchtet er während des Wachdienstes mit seiner MPi und 60 Schuß Munition. Zusätzlich führt er 300 Schuß MPi-Munition mit, die er gestohlen hatte. Nachdem er sich aus dem militärischen Objekt entfernt hatte, stahl er nacheinander drei PKW und fuhr damit bis in die Nähe der Staatsgrenze im Raum Hildburghausen. Am 19. Dezember 1975 dringt er in das Grenzgebiet ein und erschießt vor dem Überschreiten der Staatsgrenze hinterrücks die beiden Grenzposten.

Seidel ist von acht und Lange von 14 Schüssen im Rücken tödlich getroffen. Aus den Waffen der beiden Angehörigen der Grenztruppen ist nicht geschossen worden. Die MPi des Gefreiten Seidel war nicht einmal geladen.

Das vom Generalstaatsanwalt der DDR gestellte Auslieferungsersuchen an die Oberstaatsanwaltschaft Essen wird abgelehnt. Die übergebenen Untersuchungsergebnisse vom Tatort und zum Tathergang, Expertisen und Gutachten werden nicht akzeptiert.

Die Ablehnung der Auslieferung erfolgt, obwohl kurze Zeit vorher die Regierung der DDR einem Auslieferungsersuchen der BRD stattgegeben hat, als ein in die DDR desertierter Feldwebel der Bundeswehr wegen eines schweren Verbrechens in der BRD gesucht wurde.

Das Landgericht Essen funktioniert den Doppelmord zu Notwehr um und spricht Weinhold am 2. Dezember 1976 frei.

Erst nach einer Botschaft Erich Honeckers an Bundeskanzler Helmut Schmidt wird „durch politischen Entscheid in Bonn" das Verfahren an einem anderen Gericht neu aufgenommen.

Am 9. September 1977 findet ein Revisionsverfahren vor dem Bundesgerichtshof in Karlsruhe statt. Der 4. Senat des BGH verweist den Fall zur Neuverhandlung an das Landgericht Hagen, das vom 23. Oktober bis zum 1. Dezember 1978 dazu verhandelt. Das LG Hagen verurteilt Weinhold schließlich zu einer Freiheitsstrafe von 5 Jahren und 7 Monaten, von der er vom Oktober 1979 bis Juli 1982 die Hälfte verbüßte.

1. MAI 1976
Betriebsunfall eines Kriminellen und seiner Hintermänner

An der DDR-Grenze wird Michael Gartenschläger bei der Demontage von Sicherungsanlagen erschossen.

Gartenschläger war in den 60er Jahren in der DDR wegen Staatsgefährdender Hetze und Diversion (Brandstiftung in einer LPG) zu lebenslanger Haft verurteilt und nach Verbüßung von 9 Jahren und 10 Monaten am 5. Juni 1971 in die BRD entlassen worden. Er betätigte sich in der BRD 1973/74 gemeinsam mit ebenfalls aus der Strafhaft der DDR entlassenen Personen als „Fluchthelfer". 1973 und 1975 liefen gegen ihn mehrere Ermittlungsverfahren in der Bundesrepublik, darunter wegen Verstoßes gegen das Waffengesetz. Anfang 1976 bot er der Illustrierten „Quick", dem Landesamt für Verfassungsschutz in Hamburg sowie dem Bundesnachrichtendienst an, eine an den Grenzsicherungsanlagen der DDR befestigte Splittermine vom Typ SM-70 zu beschaffen. Das Angebot des BND, 2500 DM dafür zu zahlen, lehnte er als unzureichend ab. Am Ende schloß er einen Vertrag mit dem Nachrichtenmagazin „Der Spiegel".

In der Nacht zum 1. April 1976 drang Gartenschläger am „Großen Grenzknick" im Sicherungsabschnitt 12 des III. Grenzbataillons, Grenzregiment 6, Schönberg, ca. 30 bis 40 Meter in das den Sicherungsanlagen vorgelagerte Gebiet der DDR ein. Der ebenfalls aus der DDR-Haft in die Bundesrepublik entlassene Lothar L. sicherte ihn vom BRD-Territorium aus mit einer Signalleine.

Gartenschläger schlich sich mit entsprechendem Werkzeug und einer zusammensteckbaren Leiter bis zum Grenzsicherungszaun und baute eine Splittermine vom Typ SM-70 vom Zaun ab.

Vom „Spiegel" erhielt er einschließlich seiner Lebensgeschichte dafür ein Honorar von 12000 DM. Die Veröffentlichung erfolgte in „Der Spiegel" Nr. 16 vom 12. April 1976. Am 22. April 1976 traf bei Gartenschläger ein Schreiben der „Arbeitsgemeinschaft 13. August e. V." – Vorsitzender Dr. Rainer Hildebrandt – ein, in dem dieser sein Interesse an einer SM-70 bekundete. Er stellte dafür eine größere Geldsumme in Aussicht.

Schon in der nächsten Nacht begab sich Gartenschläger zusammen mit seinem Helfer Lothar L. erneut zu dem ihm bekannten Grenzabschnitt. Dort demontierte er zwischen 22 und 24 Uhr eine Splittermine SM-70. Als auf dem Rückweg ein Streifenfahrzeug der Grenztruppen auftauchte, ließ Gartenschläger alles fallen und flüchtete, kehrte aber später zurück und holte die SM-70, die er nach Hamburg auf sein Grundstück brachte.

Am 26. April flog er nach Berlin zur „Arbeitsgemeinschaft 13. August e. V." und schloß dort mit Dr. Rainer Hildebrandt einen Vertrag über den Verkauf der SM-70, in dem es hieß: „Die ‚AG 13. Aug. e. V.' erwirbt am heutigen Tage von Herrn Michael Gartenschläger ein zweites demontiertes SM-70-Aggregat und erstattet ihm dafür 3000,- DM (dreitausend), ferner die bevorstehenden Transport- und Reisekosten."

Gartenschläger hatte die Absicht, in der Nacht zum 1. Mai 1976 eine dritte SM-70 abzubauen, um sie vor der Ständigen Vertretung der DDR in Bonn aufzustellen. Mit dieser Aktion wollte er Druck auf die DDR ausüben, um die Freilassung des Bruders seiner Freundin Birgit M. und des Fluchthelfers Helmut D. aus der Strafhaft der DDR zu erzwingen.

Er hatte bereits wegen dieser Forderung bei der Ständigen Vertretung in Bonn angerufen und außerdem die Zahlung eines Geldbetrages von 15000 DM verlangt. Nach Bekundungen von Rainer Hildebrandt hatte Gartenschläger überdies „von einer anderen Stelle" ein Angebot in fünfstelliger Höhe für eine SM-70 der Grenzsicherungsanlagen der DDR.

Am 30. April fuhr Gartenschläger in Begleitung zweier Helfer (Lothar L. und Wolf-Dieter U.) mit dem BMW seiner Freundin (BMW OD-DP 21) nach Bröthen bei Lauenburg/Elbe und stellte das Fahrzeug in einer Waldschneise in der Nähe des „Großen Grenzknicks" ab. Er war mit einer Pistole „Espana Star", Kal. 7,65 mm (Nr. 1094483), L. mit einer Pistole „Bernadelli" Kal. 7,65 mm und U. mit einer abgesägten Schrotflinte „Savage" bewaffnet. Nachdem sich alle drei Gesicht und Hände geschwärzt hatten und Gartenschläger eine in der Nähe versteckte Leiter geholt hatte, begaben sie sich zu jener Stelle, wo sie bereits die zwei SM-70 abgebaut hatten.

In Kenntnis des Vorhabens, ohne jedoch Ort und Zeit zu wissen, waren auf DDR-Seite weiträumige Sicherungsmaßnahmen durch Kräfte der Einsatzkompanie der HA I/Äußere Abwehr im Bereich des „Großen Grenzknick" angelaufen. Gartenschläger und beteiligte Helfer sollten nach dem Betreten des DDR-Territoriums festgenommen werden. Die Ereignisse verlaufen anders. Als Gartenschläger an einer SM-70 hantiert, hört er ein Geräusch. Er schießt sofort mit seiner Pistole. Es kommt zu einem Feuerwechsel, bei dem er tödlich getroffen wird.

Die 3. Große Strafkammer des Landgerichts Schwerin kommt nach fast fünfmonatigem Prozeß 2000 zu der Auffassung, daß die drei angeklagten ehemaligen Angehörigen der Sicherungskompanie der HA I freizusprechen sind. Der Staatsanwalt zieht später seinen Revisionsantrag zurück.

1976

„Ausreisebüro" auf Prager Toilette

Kriminelle Menschenhändler werden immer erfinderischer, um möglichst viel Geld mit dem Wunsch von DDR-Bürgern zu verdienen, ihr Land illegal zu verlassen.

1976 fliegt in Prag ein besonders dreister Menschenhändler auf. Im Auftrag einer Bande hatte er sich im Toilettentrakt des Flughafens Ruzyne etabliert und dort alle möglichen für die Ausreise ins kapitalistische Ausland notwendigen Stempel „vergeben". Auf diese Weise gelingt es nicht wenigen Bürgern der DDR, sich in den Westen abzusetzen.

Oft werden bereits vollständig mit falschen Stempeln versehene Reisepässe der Bundesrepublik übergeben, die nach Ankunft in Prag zur sofortigen Weiterreise in ein kapitalistisches Land genutzt werden.

Diese Pässe erhalten die DDR-Bürger persönlich von einem Kurier, der im relativ unkontrollierten kurzen Transit von Westberlin, Grenzübergangsstelle (GÜST) Rudower Chaussee, zum Flughafen Schönefeld gereist war, um von dort mit einer Interflug-Maschine nach Prag zu reisen. Der Kurier versteckt die präparierten Pässe in die Taschen der Sitze, die sich vor den Plätzen der betreffenden DDR-Bürger befinden, worüber diese zuvor informiert worden sind. Das ist möglich, weil Transitreisende als erste Passagiere die Maschine betreten. So wird ausgeschlossen, daß der Kurier in Prag identifiziert werden kann, da er in der Gruppe der Transitreisenden anonym bleibt. In der Regel sind den Paßfalsifikaten auch Flugtickets beigelegt, mit denen ein unmittelbarer Weiterflug von Prag aus – oft nach Wien – bereits gebucht ist.

Die Methode ist nur wirksam zu durchkreuzen, indem das multilaterale System der Paßkontrolle im Flugverkehr zwischen den sozialistischen Staaten verbessert wird. Einbezogen sind u.a. die Paßkontrolleinheiten auf den Flughäfen in Prag, Bratislava, Budapest, Warschau, Moskau, Sofia und Varna.

2. JULI 1977
Baby bei Ausschleusung umgekommen
Gegen 14 Uhr trifft sich am Hallenser Händel-Denkmal ein Unbekannter, der als Losungswort „Morgenratte" angibt, mit Ute Holzhauer, ihrem fünfmonatigen Sohn Emanuel und ihrem Lebensgefährten Frank Rödel. Es ist der dritte Versuch des Paares, in die BRD zu flüchten. Arrangiert hat das Vorhaben ein Schleuser namens Steinhäuser, der dafür 30000 DM kassiert. Die drei steigen in das Fluchtfahrzeug, einen Opel-Record mit dem Kennzeichen B – R 573, fahren bis in die Nähe von Warmsdorf, wo sie in einem Versteck unter dem Kofferraum des Wagens verschwinden, nachdem das Baby mit einer Dosis Valium beruhigt wurde. Um 16.10 Uhr übernimmt der aus Berlin kommende drogensüchtige Schleuser Schieke auf dem Parkplatz der Raststätte Magdeburg-Börde den Wagen. Als er losfährt, hört er das Kind weinen und forderte die Eltern auf, es zu beruhigen. Wasserdampf dringt aus dem Kühler. Schieke kann den Wagen nicht mehr starten und rät zum Abbruch der Aktion. Ein Autofahrer schleppt sie trotzdem bis zum Grenzübergang.

An der Grenze öffnet man das Versteck um 18.28 Uhr. Der fünfmonatige Säugling atmet nicht mehr. Wiederbelebungsversuche erweisen sich als vergeblich. Die Ärzte stellen später fest, daß das Baby bereits um 17 Uhr starb.

22. NOVEMBER 1977
Nach dem Sturz der Regierung Allende
„Die militärische Entscheidung in Chile verhinderte eine Gewaltstrategie der Sowjetunion in Südamerika. Dies war ein gewaltiger Schlag gegen den internationalen Kommunismus und gegen seine aggressive Expansion. Wer diese chilenischen Ereignisse nicht so sieht, wie sie sind, der ist einfach gesagt: dumm." (Franz Josef Strauß)

23. NOVEMBER 1977
BND-Spion reiste 500 mal durch die DDR
Horst Jahn, Agent des BND, wird vor dem Militärobergericht Berlin wegen Militärspionage bei über 500 Fahrten auf den Transitstraßen und bei Besuchen in der DDR verurteilt. „Jahn legte mehrere ‚tote Briefkästen' (TBK) in verschiedenen Städten der DDR an. Dabei benutzte er einen vom BND präparierten PKW. Jahn wurde in der BND-Zentrale München-Pullach unter dem Decknamen ‚Beromünster' geführt."

JANUAR 1978
Schubladenpapiere?
Der „Spiegel" veröffentlicht ein Manifest eines „Bundes demokratischer Kommunisten Deutschlands", einer vorgeblichen Gruppierung von mittleren SED-Funktionären auf Reformkurs. SPD-Fraktionsführer Herbert Wehner äußert in einem Interview am 21. Januar: „Auf jeden Fall haben diejenigen, die mit riesigem Aufwand von kostspieligen Annoncen und viel sonstiger Begleitmusik dies hier zum Jahresbeginn in der Bundesrepublik gestartet und durch alle Medien auch in der DDR zur Wirksamkeit zu bringen bemüht waren, dabei die Absicht gehabt, daß die Politik der Regelung der Verhältnisse zwischen den beiden Staaten im getrennten Deutschland auf der Grundlage des Vertrages

und der Zusatzabkomen zunächst einmal gestört wird. Und deshalb nenne ich das Provokation."

21. MÄRZ 1978
„Transitspion" des Bundesnachrichtendienstes verurteilt

Der Bundesbürger Manfred Streich hatte unter den Decknamen Schubarth und Onesch mindestens 110 Spionagefahrten in die DDR unternommen und dabei militärische Objekte und Anlagen ausgekundschaftet. Dabei ist er erwischt und vom 1. Strafsenat des Militärobergerichts der DDR zu 12 Jahren Haft verurteilt worden.

Streich, Jahrgang 1952, Student in Westberlin, hatte sich auf eine Anzeige in der Berliner Morgenpost für einen Nebenjob gemeldet. Er bekam die Spesen und pro Reise zwischen 300 und 350 DM gezahlt.

Nach 1979 werden in der DDR-Presse Fälle dieser Art nicht mehr veröffentlicht, obgleich sie unverändert stattfinden.

In den 70er Jahren sind 39 von vielleicht 75 Transitspionen festgenommen und verurteilt worden.

30. AUGUST 1978
Flugzeugentführung

Der DDR-Bürger Detlef-Alexander Tiede entführt ein polnisches Flugzeug nach West-Berlin. Er wird von den amerikanischen Behörden vorläufig in Gewahrsam genommen.

16. SEPTEMBER 1978
Da kann man sicher sein!

„Wir arbeiten schon dafür, daß die deutsche politische Landkarte wieder geändert wird." (Franz Josef Strauß im „Bayernkurier")

15. FEBRUAR 1979
„Fluchthilfe" als besteuertes Gewerbe und im Interesse der Geheimdienste

Die Illustrierte „Stern" berichtet ausführlich über die Tätigkeit der „Fluchthelfer": „Was 1961 (...) als idealistisches

Kleingewerbe von Berliner Studenten begann, (...) entwickelte sich rasch zum großen Geschäft (...) Die professionellen Fluchthelfer bekamen in der Zeit des ausgehenden kalten Krieges Rückendeckung von Westberliner Politikern und von westlichen Geheimdiensten, die sie mit Geld und falschen Papieren versorgten. Der amerikanische Geheimdienst CIA, der Bundesnachrichtendienst in Pullach und das Bundesamt für Verfassungsschutz hatten ein Interesse daran, auch nach dem Mauerbau die Flucht von hochqualifizierten DDR-Bürgern zu fördern, um so die DDR zu schwächen und wichtige Nachrichten zu gewinnen (...)
Das erste spektakuläre Ergebnis der Entspannungspolitik war das Transitabkommen vom 3. Juni 1972, das Millionen Bundesbürgern und Westberlinern ermöglichte, ohne Autokontrollen und andere Schikanen auf drei Strecken durch die DDR nach Berlin und in die Bundesrepublik zu reisen (...) Das war die große Stunde des Kay Mierendorff. Der gelernte Metzger und Sohn einer Bordellwirtin (...) freundete sich mit US-Militärpolizisten an, die als Alliierte unkontrolliert von West nach Ost fahren konnten. Sie brauchten nichts weiter als eine Uniform, ein Auto mit US-Kennzeichen und einen Fahrbefehl der amerikanischen Kommandantur. Tausend Fahrbefehle ließ Mierendorff in einer Westberliner Druckerei nachmachen, beschaffte die nötigen Stempel und fälschte die Unterschriften. Immer mehr US-Soldaten fuhren gegen Geld und kostenlose Bordellbesuche für Mierendorff von Westberlin nach Helmstedt und pickten an der Transitstrecke DDR-Flüchtlinge auf.
Im August 1973 kamen die US-Behörden dahinter und luden Mierendorff zur Vernehmung (...) Die Amerikaner (...) mußten sich von den Russen und DDR-Behörden immer neue Vorhalte wegen ‚Völkerrechtsbruch' gefallen lassen. Unter sanftem Druck der US-Statthalter mußte Mierendorff 1973 seine Tätigkeit von Westberlin in die Bundesrepublik verlegen (...)
Freitag, 8. Dezember 1978, 22.35 Uhr, Grenzübergang Westberlin-Staaken. Hier endet die Transit-Strecke von

Lauenburg nach Berlin (...) Auf Westberliner Seite sitzt in einem beigen Mercedes 280 S der Angestellte Gerd Laboschin, 32. Er ist nervös und raucht eine Zigarette nach der anderen (...) Gerd Laboschin hat zwei Berufe. Neben seinem Job als Disponent bei einer Autoverleihfirma ist er auch Fluchthelfer. Genauer: Er ist Operationschef und damit zweiter Mann des größten deutschen Fluchthilfe-Unternehmers Kay Mierendorff. Einem Mann, von dem es bisher keine Fotos gab (...) Und der sich rühmt, sein hartes Handwerk jahrelang mit Billigung bundesdeutscher Politiker und westlicher Geheimdienste betrieben zu haben. Der vielfache Millionär Kay Mierendorff, ein unscheinbarer blonder Mann von 32 Jahren, sitzt in dieser Nacht neben dem Telefon in einem Bad Tölzer Hotel. Er wartet auf die Erfolgsmeldung seines Operationschefs. Die Flucht soll Mierendorff 70000 Mark einbringen (...)
Ein Beispiel für die Geschäftstüchtigkeit von Mierendorff ist die Familie Schmidt, die jetzt in einer norddeutschen Kleinstadt lebt. Vater Gustav Schmidt, 66, hatte mit seinem privaten Auto-Wasch- und Pflegedienst in Ostberlin Schwierigkeiten mit der Steuer bekommen (...) Mit einem Trick kam zunächst Mutter Ursula, 49, nach Westberlin. Sie wohnte bei Bekannten und versuchte verzweifelt, einen Fluchthelfer zu finden, der ihren Mann und ihre vier Kinder aus Ostberlin herausholen sollte. In der ‚Aktuellen Kamera' des DDR-Fernsehens wurde dann im November 1973 von der ‚geheimdienstlich gesteuerten kriminellen Mierendorff-Bande' gesprochen. Ursula Schmidt sah im Telefonbuch nach und rief Kay Mierendorff an. Sie traf den Fluchthelferboß im Kaufhaus Karstadt. Mierendorff sagte unter der Bedingung zu, daß er eine Anzahlung von 10000 Mark bekomme und außerdem ein Schuldanerkenntnis in Höhe von 20000 Mark. Dafür wollte er den Ehemann Gustav mit den beiden Töchtern Sabine, 18, und Andrea, 17, herausholen. Die Flucht klappte auf dem beschriebenen Weg über die Transitstrecke Helmstedt-Berlin am 22. November 1973 (...) Jetzt waren noch die beiden Söhne Matthias, 24, und Thomas, 23, im Osten. Mierendorff erbot sich, wiederum gegen Vorauskasse von

10000 Mark, auch die beiden herauszuholen. Die Schmidts liehen sich bei allen möglichen Leuten Geld, kratzten die erneute Anzahlung zusammen und hinterlegten sie bei einem Notar in Zehlendorf. Matthias und Thomas Schmidt wurden jedoch im Februar 1974 geschnappt. Ein Gericht in Ostberlin verurteilte die beiden wegen versuchter ‚Republikflucht' zu vier Jahren und zehn Monaten Haft (...) Mierendorff gab die Anzahlung für die beiden Jungen zurück, verlangte aber die restlichen 20000 Mark innerhalb eines Jahres für die gelungene Flucht des Vaters mit seinen beiden Töchtern. Die Familie Schmidt konnte nicht zahlen, da der Vater Rentner und die Mutter zu dieser Zeit arbeitsunfähig war. Mierendorff klagte vor dem Landgericht in Lüneburg, später vor dem Oberlandesgericht in Celle, und gewann. ‚Im Namen des Volkes' stellte das Landgericht fest, daß das ‚Schuldanerkenntnis' rechtlich korrekt sei. Die Mierendorff-Preise – 30000 Mark für drei Flüchtlinge – seien auch nicht überhöht. Die Familie Schmidt wurde verurteilt, an Mierendorff 20000 Mark nebst Zinsen seit dem 15. November 1975 zu zahlen. In der zweiten Instanz bestätigte das Oberlandesgericht Celle (Aktenzeichen: 16 U 122/76) diese Entscheidung (...)
Es kam auch zu Vorwürfen der Westalliierten gegen die Bundesregierung, Bonn stelle das gesamte Transitabkommen in Frage. Diesem Druck war die Bundesregierung auf Dauer nicht gewachsen. Während die Geheimdienste bereits im Vorfeld der Berlin-Verhandlungen ihre aktive und passive Unterstützung der Fluchthelfer stoppten, aktivierten die Politiker nach dem Abkommen die bundesdeutsche Justiz. Zwar ist die Fluchthilfe nach unseren Gesetzen nicht strafbar, aber die Fluchthelfer müssen in vielen Fällen andere Gesetze brechen, um überhaupt arbeiten zu können. Seit dem 3. Juni 1972 leitete allein die Staatsanwaltschaft in Westberlin mehr als 300 Strafverfahren gegen Fluchthelfer ein. In mehr als 150 Verfahren lautete die Anklage, Flüchtlinge um Vorauszahlungen für geplante Fluchten geprellt zu haben. Die Delikte: Betrug und Urkundenfälschung. In den anderen Fällen wurde wegen Erpressung, Freiheitsberaubung, Verschleppung,

Nötigung, unbefugten Waffenbesitzes, fahrlässiger Tötung, versuchten Totschlags, Diebstahls und Siegelbruchs ermittelt. Bisher wurden 26 Fluchthelfer verurteilt, mehr als 150 könnten der Bestrafung entgehen, weil die Belastungszeugen noch in DDR-Gefängnissen sitzen."

5. MAI 1979
Schiffsentführung bei der Volksmarine
In der Nacht vom 4. zum 5. Mai 1979 bringt der Obermaat Strelow ein Küstenschutzschiff der DDR-Volksmarine, dessen Maschinist er ist, in seine Gewalt. Er überwältigt mit schußbereiter Maschinenpistole die Wache des in Seegewässern der DDR vor Anker liegenden Schiffes, sperrt die gesamte Besatzung ein und setzt das Schiff in Richtung eines BRD-Hafens in Fahrt, ohne die Schiffsführung zu beherrschen. Als der Kommandant Maßnahmen zur Befreiung der Besatzung einleitet- er sprengt mit einer Handgranate einen Lukendeckel – gibt Strelow auf ihn mehrere Feuerstöße ab. Strelow ergibt sich erst, nachdem er bei dem folgenden Feuergefecht verletzt wurde. Während dieser Zeit läuft das Schiff ohne Führung und mit abgeschalteten Positionslichtern im internationalen Fahrwasser.

Strelow wird von einem DDR-Gericht wegen Mordversuch und Terrorismus verurteilt.

Nach der Wende wird Strelow von der BRD-Justiz rehabilitiert, gegen den Kommandanten und gegen den Leitenden Ingenieur werden Ermittlungen wegen versuchten Totschlags eingeleitet. Aufschlußreich ist der Kommentar vom später suspendierten „Landesbeauftragten für die Unterlagen des Ministeriums für Staatssicherheit der ehemaligen DDR" im Freistaat Sachsen, Siegmar Faust: „Das wäre in allen Ländern der Welt verurteilt worden."

Für diese korrekte Wertung zieht er sich scharfe Kritik zu.

HERBST 1979
Herbstschmiede
In den 70er Jahren erfolgen komplexe NATO-Manöver in Serie. Sie tragen die Bezeichnung „Autumn Forge". Das

Manöver „Autumn Forge 79" beispielsweise umfaßt 30 Truppen- und Kommandostabsübungen aller Teilstreitkräfte. Dazu gehören „Cold Fire 79" (Luftstreitkräfte) und „Harte Faust" (I. Korps der Bundeswehr). Auf dem BRD-Territorium sind bis zu 150000 Mann im Einsatz.

Die periodischen Übungen „Autumn Forge" und „Wintex" (Kommandostabsübungen, in die zivile Behörden einbezogen und der Übergang zum Kriegszustand erprobt werden) finden bis 1990 statt.

DEZEMBER 1979
DDR-Wissenschaftler vom BND zur Zusammenarbeit erpreßt
Der Diplomphysiker Dr. Stefan Frauendorf (Jahrgang 1945) arbeitet im Zentralinstitut Rossendorf bei Dresden und nimmt im Dezember 1979 an einer wissenschaftlichen Tagung in Kopenhagen teil. Der Überläufer Stiller hat ihn empfohlen, der damalige BND-Chef Klaus Kinkel persönlich veranlaßt seine Werbung. In Dänemark wird Frauendorf von zwei BND-Mitarbeitern aufgesucht. Man übermittelt „einen schönen Gruß von Herrn Stiller" und nötigt ihn mit einem belastenden Stiller-Papier zur Zusammenarbeit. Als „Siggi Townsman" wird Frauendorf für den BND tätig. 1983 fliegt er auf und wird inhaftiert. Er wird am 17. September 1985 zu elf Jahren Haft verurteilt und Ende 1989 vorzeitig freigelassen.

1. MÄRZ 1980
Entspannungspolitik
Franz Josef Strauß im „Bayernkurier": „Die Entspannungspolitik ist ein Bestandteil des Konfliktes und nicht das Ende des Konfliktes. Der Ost-West-Konflikt, nehmen Sie ihn als eine Medaille: dann steht auf der Vorderseite Kalter Krieg, und auf der Rückseite steht Entspannung."

19. JULI 1980
Boykott der Olympischen Spiele – Katzenjammer wegen Alleinvertretung durch die DDR
Der Westberliner „Tagesspiegel" kommentiert den Boykott

der Olympischen Spiele in Moskau durch die BRD: „So bleibt die olympische Arena erstmals seit der Teilung Deutschlands den ‚anderen Deutschen' überlassen. Bei den Olympischen Winterspielen in Lake Placid glückte den DDR-Athleten in der (inoffiziellen) Nationen-Punktewertung zum ersten Mal der Sprung an die Weltspitze. Welch eine Entwicklung!"

ENDE 1980
BND konzentriert sich auf Berufskraftfahrer aus der DDR
Klaus Kinkel als BND-Chef gibt Order zu einer umfangreichen Aufklärungs-, Anbahnungs- und Werbeoperation bei DDR-Kraftfahrern im grenzüberschreitenden Verkehr. Zwischen 1980 und 1986 werden nachweisbar etwa 120 Kraftfahrer observiert und angeworben. 15 von ihnen werden als Agenten überführt, 15 weitere offenbaren sich den DDR-Organen und werden gegen den BND eingesetzt.

29. JANUAR 1981
Die Erfindung des „Reiches des Bösen"
Der neue Präsident der USA, Ronald Reagan, nennt auf seiner ersten Pressekonferenz in Washington die Sowjetunion ein verbrecherisches Weltreich, das bereit sei, „jedes Verbrechen zu begehen, zu lügen und zu betrügen, um seine Ziele zu erreichen".
1983 verteufelt Reagan die UdSSR als „Reich des Bösen". Henry A. Kissinger, Außenpolitiker und Sicherheitsberater im Weißen Haus, schreibt dazu in seinem Buch „Die Vernunft der Nationen": „Washingtons Ziel war es nicht mehr, auf entspannte Beziehungen hinzuarbeiten, sondern einen Kreuzzug auszutragen." Reagan und seine Berater hätten erkannt, daß die Sowjetunion mit dem Wettrüsten überfordert sei. „Sie betrachteten die Menschenrechtsproblematik als ein Werkzeug zum Sturz des Kommunismus ... Die Reagan-Doktrin besagte, daß die Vereinigten Staaten antikommunistische Regimegegner in dem Bemühen unterstützen würden, ihre Länder aus der sowjetischen Einflußsphäre herauszulösen. ... Reagans grundle-

gendste Kampfansage war seine militärische Aufrüstung.
... Ein entscheidender Beitrag war die Stationierung amerikanischer Mittelstreckenraketen in Europa. Gerade für diese Waffe hatte sich Bundeskanzler Helmut Schmidt gegen den Widerstand in der eigenen Partei eingesetzt. Im Grunde waren die Argumente für Mittelstreckenwaffen politischer, nicht strategischer Natur ..."
Die von Bundeskanzler Schmidt beschworene „Raketenlücke" im Westen gab es nicht. Das Aufbegehren der Friedensbewegung in den 70er, 80er Jahren war zutiefst berechtigt. Aber es blieb die amerikanische Absicht, den ökonomisch schwächelnden Osten durch immer neue waffentechnische Herausforderungen am Ausbau seiner ökonomischen Basis und insbesondere der Konsumgüterproduktion zu hindern, um über Versorgungsmängel Mißstimmungen zu schüren und Regimegegner zu ermuntern.

14. OKTOBER 1981
Kampf um Mikroelektronik
Auf der von der „Koordinierungsstelle für multilaterale Exportkontrolle" geführten Cocom-Embargoliste des Westens steht auch die Mikroelektronik.
Deshalb entscheidet die DDR-Führung, das Funkwerk Erfurt zum Zentrum der Forschung, Entwicklung und Produktion einer eigenen Mikroleketronikindustrie zu entwickeln. „Die geltenden Embargobestimmungen verboten offizielle Lizenzverhandlungen.
Dennoch fand die DDR ‚heimliche' Lizenzgeber, z.B. die japanische Firma Toshiba. Diese sah sich jedoch gezwungen, ihr Produkt so zu modifizieren, daß keine eindeutigen Rückschlüsse auf den ursprünglichen Entwickler möglich waren; etwa beim 64 kDRAM-Speicherschaltkreis. Das wiederum führte zu Komplikationen bei der Produktionseinführung in Erfurt. Obwohl Toshiba die komplette Dokumentation des modifizierten Schaltkreises bereitgestellt hatte, reichte das nicht aus (...) Als Toshiba die Beziehungen zum Kombinat Mikroelektronik ‚aus Sicherheitsgründen, die aus dem gespannten Verhältnis USA – Japan resultieren' (...), vollständig abbrach, verschärften sich die

Schwierigkeiten noch mehr (...) Das Kombinat Mikroelektronik wurde ‚Opfer' der Beilegung des Handelskonfliktes zwischen Japan und den USA auf dem Gebiet der Halbleiterchips durch den Abschluß des sogenannten Halbleiterabkommens im Juli 1986", räumte postum „Das Parlament" 38/1997 ein.

Von 1982 bis 1989 werden im Bezirk Erfurt zehn Spione inhaftiert, darunter der Bundesbürger Rudolf Brembach, Jahrgang 1950, der als Servicetechniker im Auftrag des BND Kontakte zu Mitarbeitern von Betrieben der Mikroelektronik aufnahm. Er warb die DDR-Bürger Rainer Hübner (Jahrgang 1948), Marve Hübner (Jahrgang 1950), Jürgen Weber (Jahrgang 1951) und Ilona Weber (Jahrgang 1953), die im Kombinat Mikroelektronik tätig waren, für den BND.

20. DEZEMBER 1981
DDR-Diplomat als CIA- und BND-Agent festgenommen

Wolfgang Reif (Jahrgang 1937) war seit Beginn der 70er Jahre Mitarbeiter der DDR-Botschaft in Indonesien. Im Januar 1978 wurde er von der CIA geworben, indem man ihn erpreßte: Reif hatte PKW angeblich für die Botschaft eingeführt und diese illegal verkauft. Im April 1980 nahm auch der BND Kontakt zum zweiten Mann in der DDR-Botschaft auf.

Reif wird vom 1. Militärstrafsenat des Militärobergerichts der DDR am 8. April 1983 zu lebenslanger Haft verurteilt. Im September 1987 wird die Strafe auf 15 Jahre reduziert.

28. FEBRUAR 1982
Nachrichtenübermittler in der CDU-Zentrale

In der CDU-Zentrale in (Ost-)Berlin endet am 28. Februar 1982 die Agentenkarriere von René Bayer. Am nächsten Tag wird der 78jährige in die Bundesrepublik abgeschoben.

Der Journalist arbeitete seit 1934 für deutsche Dienste, zwischen 1952 und 1982 hatte er Kontakte zum Hauptvorstand der CDU. Sie rührten von Otto Nuschke (1983-1957) her. Der Mitbegründer der Union war am 17. Juni 1953 nach Westberlin verschleppt worden, Bayer hatte daran mitgewirkt, daß der Vorsitzende der Ost-CDU wohlbehalten wieder in die DDR zurückkehren konnte. Beide kannten sich seit dem Evangelischen Kirchentag im September 1951. Nuschke zeigte sich dankbar; seither bezog Bayer aus dem Sekretariat des Hauptvorstandes der CDU (Ost) Informationen. Nuschkes Nachfolger Gerald Götting, Stellvertretender Staatsratsvorsitzender der DDR, hielt an dieser Praxis fest.

28. OKTOBER 1982
BND-Spion Niestroj trat seine lebenslange Haftstrafe an
Im August 1981 wird Dietrich Niestroj, Jahrgang 1935, Geophysiker aus Karlsruhe, verhaftet. Er ist in den Fall Baumann („Roter Admiral") involviert. Der Oberleutnant d. R. arbeitete seit 1972 für den BND und im bürgerlichen Leben als Vertriebsleiter bei einer Firma, die medizinische und wissenschaftliche Geräte herstellte. Er besaß langjährige geschäftliche Verbindungen in die DDR und lieferte umfangreiche Informationen über seine Geschäftspartner, etwa 90 Charakteristiken von Personen der Berliner Charité und der Humboldt-Universität, darunter von Prof. Dr. Althaus, Prof. Dr. Correns, Prof. Dr. Prokop, Prof. Dr. Mebel und Prof. Dr. Klinkmann.
Niestroj wird am 16. Februar 1986 in die Bundesrepublik entlassen.

31. DEZEMBER 1982
Silvesterente, bei der vielleicht der Wunsch Vater des Gedankens ist
In der Bundesrepublik heißt es in den Medien, auf Staats- und Parteichef Honecker sei ein Attentat verübt worden. Tatsächlich hat ein betrunkener Autofahrer, der durch verkehrswidriges Verhalten aufgefallen und deshalb von Sicherungskräften angehalten worden war, mit einer von ihm mitgeführten Pistole geschossen und sich dann selbst

durch Kopfschuß getötet. Nach der Wende wird gegen einen der Personenschützer, die am Zwischenfall beteiligt waren, ein Ermittlungsverfahren wegen Mordverdachts eingeleitet. Erst 1995 gesteht die zuständige Staatsanwaltschaft ein, daß es weder einen Attentatsversuch auf Erich Honecker gegeben noch der Beschuldigte einen Mord begangen hat.

APRIL 1983

Ein Herztoter fällt vom Stuhl und Bonn aus der Rolle
Zu einer erheblichen Belastung der Beziehungen wird der Herztod eines Transitreisenden an der Grenzübergangsstelle Drewitz. Der gerichtsmedizinischen Darstellung der DDR, daß der Mann sich seine Kopfverletzungen beim Sturz von einem Stuhl zugezogen habe, wird zurückgewiesen. Statt dessen verbreiten Politiker und Medien entgegen den belegbaren Tatsachen die These, der Bundesbürger sei von DDR-Grenzen gefoltert worden und dabei zu Tode gekommen.

SEPTEMBER 1983

Spätes Eingeständnis zum 17. Juni
Der einstige Leiter der Kampfgruppe gegen Unmenschlichkeit (KgU), Rainer Hildebrandt, veröffentlicht in einem Buch über den 17. Juni 1953 eine Tabelle, in der ausgewiesen ist: „Von der Menge getöteter Funktionäre, Volksarmisten, Angehörige der Staatssicherheit: schätzungsweise 20." – Darin schildert er auch detailliert, wie der Bürger von Rathenow Willi Hagedorn, zu dessen Verfolgung der RIAS aufgerufen hatte, von einer aufgeputschten Menschenmenge auf bestialische Weise ermordet worden ist.

20. MÄRZ 1984

**Heuchelei im Umgang mit der
DDR und ihrer Führung**
„Die Welt" kommentiert den noch immer offenen Honecker-Besuch in der Bundesrepublik: „Sollten SED-Chef Erich Honecker und Mitglieder der SED-Führung im

Herbst dieses Jahres auf Einladung von Bundeskanzler Helmut Kohl die Bundesrepublik besuchen, so könnte es passieren, daß ‚irgendein wildgewordener Staatsanwalt' – so ein Bonner Regierungsmitglied – ‚gegen den Repräsentanten der DDR wegen des Schießbefehls an der Mauer und der Demarkationslinie Mordanklage erhebt und Honecker verhaften lassen will.' Nach dem Willen der Regierung sollte das Parlament das Gerichtsverfassungsgesetz nun möglichst geräuschlos ändern, um die erwartete DDR-Delegation gegen übereifrige Staatsanwälte abzuschirmen."

„Die Welt" zitierte Anmerkungen eines Kabinettsmitgliedes, das ungenannt bleiben wollte: „Kanzler Kohl kann nicht auf Versöhnung machen und Strauß kann sich nicht als Oberzampano der deutsch-deutschen Verhältnisse präsentieren, wenn man Herrn Honecker mit der Unsicherheit einreisen läßt, daß er aufgrund des Schießbefehls an der Mauer oder auf Grund der Verhältnisse in den DDR-Zuchthäusern des Mordes angeklagt wird."

SEPTEMBER 1984
Fahrer des Militärattachés in der Schweiz angeworben
Im Wien erfolgt ein „Abschlußtreffen" des Schweizer Geheimdienstes mit dem NVA-Fähnrich Hans-Walter B., tätig als Kraftfahrer des Militärattachés der DDR in der Schweiz. Er stand seit April 1983 in Kontakt mit dem Geheimdienst der Schweiz. Vorausgegangen war ein Kaufhausdiebstahl (Wert: 50 Schweizer Franken) in Bern und seine Zuführung zur Polizei. Unmittelbar danach rief ein Mitarbeiters eines Schweizer Geheimdienstes ihn an und forderte B. ultimativ auf, zu einem Treff zu erscheinen. Aus Furcht vor der angedrohten Offenbarung des Kaufhausdiebstahls gegenüber der Botschaft der DDR ging er zum Treff und erklärte sich dort schriftlich zur Zusammenarbeit mit dem Schweizer Geheimdienst bereit.

Nachdem dieser Mitarbeiter in die Botschaft der DDR nach Wien versetzt wurde, kommt es dort im September 1984 in Wien zu jenem Abschlußtreff mit zwei Mitarbeitern des Schweizer Geheimdienstes.

Sofort danach kontaktieren ihn zwei Mitarbeiter des BND. Sie erpressen ihn mit ihrem Wissen über seine nachrichtendienstlichen Verbindungen zum Schweizer Geheimdienst. B. erklärt sich zur Zusammenarbeit mit dem BND bereit und liefert Dokumente über das Vorgehen der Länder des Warschauer Vertrages bei den Wiener Abrüstungsverhandlungen; Charakteristiken von Offizieren der NVA, besonders des Militärattachéapparates; Personeneinschätzungen über die ihm bekannten Angehörigen der Berner und Wiener Botschaften der DDR. Als das MfS seine Spionageverbindung zum BND erkennt, erfolgt im November 1985 seine Festnahme während einer Dienstreise zum Ministerium für Nationale Verteidigung in Strausberg.

1986 unternimmt der BND eine gezielte Aktion zur Abwerbung des Militärattachés der DDR in Wien. Im Rahmen seiner militärdiplomatischen Tätigkeit lernt der Oberst H. mit seiner Familie einen Bürger der BRD kennen, der den Kontakt zielstrebig zu ihnen ausbaut, bis er den Zeitpunkt für gekommen sieht, an den Militärattaché die schriftliche Aufforderung zu richten, seinen Staat zu verraten und in die BRD überzutreten. Dafür werden ihm eine neue Identität (einschließlich seiner Ehefrau), Aufenthalt in einem Land seiner Wahl, die Pension eines Oberst der Bundeswehr und eine Million DM angeboten.

Der Militärattaché lehnt ab und vertraut sich dem für die Verwaltung Internationale Verbindungen des MfNV zuständigen Mitarbeiter der Hauptverwaltung (HA) I des MfS an. Erstrangiges Ziel dieses „Coups" war es offenkundig, die DDR mit der Fahnenflucht eines Militärattachés international zu diskreditieren, zumal sein Vater ein verantwortlicher Partei- und Staatsfunktionär der DDR war.

Auch anderen Geheimnisträgern in Führungspositionen werden von westlichen Geheimdiensten hohe Geldsummen geboten, wenn sie sich einverstanden erklären, als Spion tätig zu werden. Ihnen wird versprochen, sie nach ein- bis zweijähriger Tätigkeit für den Geheimdienst einschließlich ihrer Familien in die BRD auszuschleusen.

In Einzelfällen werden selbst für die sofortige Fahnenflucht hohe Summen geboten.

Die meisten der angesprochenen Offiziere der NVA wenden sich nach solchen Angeboten an den zuständigen Mitarbeiter der HA I, so daß gemeinsam die erforderlichen Maßnahmen zur Verhinderung derartiger Pläne ergriffen werden können.

Ein spezifisches Ziel der Abwehrarbeit der HA I besteht darin, das Eindringen von Doppelagenten in die Agenturen der Verwaltung der Aufklärung des Ministeriums für Nationale Verteidigung zu erkennen und aufzudecken. Bis 1989 werden 13 Doppelagenten erkannt und festgenommen.

DEZEMBER 1984
Abwerbungsversuch per Post

Kurz vor Weihnachten erhalten zehn hohe Staatsfunktionäre sowie Offiziere der NVA und des MfS per Schreiben ein Angebot des BND, in die Bundesrepublik überzutreten. Dafür werden Summen zwischen 150000 und 1000000 DM in Aussicht gestellt. Insgesamt hat der BND dafür 6 Millionen DM bereitgestellt.

Er bleibt darauf sitzen.

31. MAI 1985
Provokationen in der Luft

Der Chef des Hauptstabes der NVA meldet an das Oberkommando der Vereinten Streitkräfte für die letzten zwölf Monate: 6 Luftraumverletzungen, 93 Anflüge von Kampfflugzeugen mit gefährlichem Kurs sowie 236 Flüge strategischer und taktischer Aufklärung entlang der DDR-Grenze.

ENDE 1985
Pressekampagne gegen DDR-Kraftfahrer

Vermutlich als Reaktion auf die seit Jahren erfolglos laufenden Bemühungen des BND, unter den Berufskraftfahrern aus der DDR Agenten zu rekrutieren, dreht man nun den Spieß um. Unter den Mitarbeitern von *deutrans* will der Verfassungsschutz reihenweise DDR-Spione ausgemacht haben. Die Hysterie führt zur flächendeckenden Denunziation der gesamten Zunft.

Zugleich, etwa in der ersten Hälfte des Jahres 1986, bricht der BND alle geheimdienstlichen Verbindungen zu seinen aktiven Agenten unter den DDR-Kraftfahrern ab. Allerdings nur vorläufig. Das nachgewiesene Interesse an etwa 120 sowjetischen Militärobjekten und an rund 60 der NVA und der Grenztruppen hält unvermindert an.

16. APRIL 1986
Zur Erinnerung

Michail Gorbatschow, Generalsekretär des ZK der KPdSU, nachmaliger Präsident der Sowjetunion und einstiger Kampfgenosse der DDR, schreibt bei seinem Besuch der DDR-Grenztruppen ins Gästebuch: „Am Brandenburger Tor kann man sich anschaulich davon überzeugen, wieviel Kraft und wahren Heldenmut der Schutz des ersten sozialistischen Staates auf deutschem Boden vor den Anschlägen des Klassenfeindes erfordert. Die Rechnung der Feinde des Sozialismus wird nicht aufgehen. Der Unterpfand dessen sind das unerschütterliche Bündnis zwischen der DDR und der UdSSR (...) Ewiges Andenken an die Grenzsoldaten, die ihr Leben für die sozialistische DDR gegeben haben."

31. DEZEMBER 1986
Fast 900000 unter Waffen

Auf dem Territorium der Bundesrepublik sind Ende 1986 stationiert:

752 000 Mann NATO-Streitkräfte (Deutsche, Amerikaner, Briten und Franzosen); sie sind integriert in den Bestand der Armeegruppen Nord und Mitte. Die 20 Divisionen verfügen über 1220 Kampfflugzeuge und 188 Schiffseinheiten. Hinzu kommen noch 122700 Soldaten der national geführten deutschen Streitkräfte. Die NATO-Truppen haben etwa 4000 Kernwaffengefechtsköpfe für Raketen und Kernbomben, die im wesentlichen für Ziele in der DDR bestimmt sind. Zu den Kernwaffeneinsatzmitteln gehören

108 Pershing II (Mittelstreckenraketen), 96 Cruise Missile (Marschflugkörper), 150 taktische Raketensysteme, 390 Flugzeuge und 1900 Artilleriesysteme.

4. JANUAR 1987
Wahlkampfaussagen
Bundeskanzler Kohl erklärt auf einer Wahlkampfveranstaltung: er vergesse nicht, „mit wem wir es zu tun haben: mit einem Regime, das über 2000 unserer Landsleute in Gefängnissen und Konzentrationslagern hält".

27. NOVEMBER 1987
Moskau spielt mit dem Gedanken, die DDR fallen zu lassen
Der sowjetische Diplomat Wjatscheslaw Daschitschew hält auf einer Sitzung des wissenschaftlich-konsultativen Beirats beim Amt für sozialistische Länder Europas des sowjetischen Außenministeriums einen Vortrag über die „Deutsche Frage", nachdem dem Beirat der Auftrag erteilt worden war, Gutachten zu diesem Thema zu liefern. Er schrieb darüber in „Das Parlament" 14/1994. Zweifellos übertreibt er darin ein wenig seine eigene Rolle. Zutreffend jedoch ist, daß 1987 in Moskau eine Weichenstellung in der Deutschlandpolitik erfolgt. Gorbatschow signalisiert Bonn, daß man beispielsweise über eine weitere Mitgliedschaft der DDR im Warschauer Pakt „nachdenken" könne. Honecker erfährt über amerikanische Quellen, daß der Kreml die DDR im Poker mit dem Westen zur Verbesserung der eigenen Lage einsetzen wolle. Die Kurskorrektur ist auch im Kontext der erfolgreichen Honecker-Reise durch die Bundesrepublik im September 1987 zu sehen: Moskau fürchtete zuviel Eigenständigkeit des „kleinen Bruders". Gorbatschow, der doch Neues Denken propa-giert, ist unverändert dem alten Denken verhaftet und will wie alle seine Vorgänger alles selbst im Griff behalten.

Daschitschew erinnert sich:
„Ich ging in meinem Beitrag davon aus, daß die DDR den politischen, wirtschaftlichen und sozialen Wettbewerb mit

der Bundesrepublik verloren habe und daher die weitere Diskreditierung der in der DDR herrschenden politisch-ideologischen Ordnung unvermeidbar sei, was das Problem der nationalen Vereinigung in einem ganz neuen Lichte darstellen werde.

Die Teilung Deutschlands und die fortdauernde Existenz von zwei deutschen Staaten betrachtete ich als eine gefährliche und für die Interessen der Sowjetunion schädliche Entwicklung Europas (...) Aber wie konnte der gordische Knoten zerhauen werden?

Damals schien mir als die beste Handlungsweise, die Rückkehr zur Idee der Wiedervereinigung auf der Grundlage der Neutralität Deutschlands zu sein (...) Meinen Vortrag schloß ich mit der Warnung: ‚Die sowjetische Politik muß sich im klaren darüber sein, daß es in der Deutschen Frage zu unerwarteten Umbrüchen (...) kommen könne.' (...)

Obwohl die Sitzung mit einem negativen Resultat endete, spielte sie zweifellos eine Rolle bei der Neubesinnung in der Deutschen Frage (...) Das konnte auch bei Schewardnadse als dem Neuankömmling im Außenministerium, der nach neuen Wegen in der Außenpolitik suchte, nicht unbeachtet bleiben (...) Es ist von großer Bedeutung, mögliche Varianten der Entwicklung der ‚deutschen Frage' unter dem Blickwinkel der Interessen der sowjetischen Politik nachzuvollziehen. Hier können vorwiegend folgende Linien umrissen werden: 1. die fortdauernde Existenz von zwei deutschen Staaten; 2. die Wiedervereinigung Deutschlands gemäß den Prinzipien der Neutralität und der Bündnisfreiheit; 3. die Wiedervereinigung Deutschlands und seine Integration in das westliche Bündnis."

25. AUGUST 1988
Der Geist aus der Flasche

Die Springer-Zeitung „Die Welt" schreibt unter der Überschrift „Der Geist aus der Flasche": „In Polen, Ungarn, der Tschechoslowakei, der ‚DDR', sogar in der Sowjetunion, verbinden sich mittlerweile Glasnost und die Mechanik westlicher Medien zu einem aufgeladenen Gemisch. Die offen gewordene Kritik ... wird durch die westlichen

Medien multipliziert und lautverstärkt ins Ereignisfeld zurückgestrahlt." Das habe „tatsächlich destabilisierende Wirkung" und böte besondere Chancen in der DDR als dem „System der offenen Flanke".

Die Flanke ist tatsächlich offen im Äther. Die Einwirkung geschieht rund um die Uhr und auf gleichem Sprachgebiet. Dahinter steht die stärkste kapitalistische Macht in Westeuropa. Ihre Geldgeber hatten durch die frühere Entmachtung im Ostteil handfeste Motive. Sie können die millionenfachen innerdeutschen Kontakte und Beziehungen nutzen. Darum rät der Deutschlandexperte der Unionsfraktion im Bundestag, Eduard Lintner, im gleichen Monat: „Es muß so viel Dampf im Kessel DDR entstehen, daß es endlich einen Führungswechsel und Reformen gibt." Und das Hamburger Journal „Stern" äußert in Nummer 26/89 die Absicht, „die Machtmonster in der DDR, in Peking und Prag nicht mehr zur Ruhe kommen zu lassen. Viele Nadelstiche schaffen so viel Blutverlust wie ein gezielter Todesstoß".

In diesem Szenarium geht es nicht um Menschenrechte, sondern um Machtpolitik. Nicht um die Reformierung des Sozialismus, sondern um die Restauration des Kapitalismus. Nicht um Mitleid mit den „gequälten Landsleuten", sondern um deren „Heimholung ins Großdeutsche Reich".

AUGUST 1988
Ultraleicht und leichtsinnig über die Mauer

Die organisierte Fluchthilfe, zumeist durch kriminelle Menschenhändlerbanden betrieben, bedient sich natürlich auch der neuen Entwicklung des Flugwesens. Es gibt bald Ultraleicht- und Kleinflugzeuge, mit denen auf dem Territorium der DDR gelandet wird. Man nimmt Personen auf und fliegt zurück.

Das wohl provokativste und zugleich riskanteste Unternehmen dieser Art ereignet sich im Sommer 1988 in Berlin. Ein Kleinflugzeug landet auf einer Spielwiese im Treptower Park hinter dort aufgebauten Zirkus-Zelten und Wagenburgen, nimmt eine Person auf und fliegt nach nur wenigen Minuten wieder nach Westberlin. Wegen der sehr geringen Flughöhe und der außerordentlich kurzen Zeit des Fluges sind weder die Luftraumüberwachung noch die Grenztruppen der DDR in der Lage, das zu verhindern.

31. DEZEMBER 1988
Ausgehorcht und beschossen
Seit 1980 werden vom Territorium der BRD und Westberlins schwerwiegende Gewaltakte und andere Übergriffe verübt. Registriert werden 852 zerstörte Grenzzeichen und 329 Fälle, bei denen Grenzsicherungsanlagen auf dem Territorium der DDR zerstört, mitunter auch gesprengt wurden. In 209 Fällen werden Grenzposten mit der Schußwaffe bedroht oder auch beschossen. Es gibt 98 Luftraumverletzungen – trotz einer überwachten 30 Kilometer tiefen Luftsperrzone auf westlicher Seite.

Wie eine parlamentarische Anfrage vom Oktober 1992 ergab, wurden von 1988 bis 1991 etwa 3000 DDR-Bürger bzw. Ostdeutsche in „Befragungsstellen" in Berlin-Marienfelde, Nürnberg, Zirndorf, Hannover-Friedland und Mainz von zusammen etwa 260 BND-Mitarbeitern ausgehorcht.

FEBRUAR 1989
NATO probt Atomschläge auf DDR-Städte
Bei der Übung Wintex/Cimex der NATO wird der atomare Erstschlag einkalkuliert. Ziele sind auf dem Territorium der BRD, der DDR, Polens und der CSSR festgelegt. Die angenommene Ausgangslage sind Unruhen in Jugoslawien, in die die Sowjetunion eingreift.

Bekannt wird auch die NATO-Planung „Live Oak" (Lebende Eiche). Sie gilt für den Fall einer Blockade Westberlins und sieht verschiedene Etappen des Reagierens vor – vom Versuch, einen Truppentransport mit Gewalt nach Westberlin durchzuschleusen, bis hin zu einer Eskalation, die auch selektive Nuklearschläge einschließt.

21. AUGUST 1989
Der Kaiserenkel hielt die Tür auf
Die BILD-Zeitung war Stichwortgeber für viele Medien bei der organisierten Psychose zur Massenflucht von DDR-

Bürgern über Ungarn. Drei Fernsehsender bringen im August 1989 insgesamt 482 Berichte und Nachrichten darüber. Die BILD-Schlagzeilen lauten:

12. Mai: „Grenzer schauten nur zu / DDR-Flucht über Ungarn"

26. Juni: „Ungarn: Willkommen im Westen!"

15. Juli: „Fluchtpunkt Ungarn – Lauf, Papi, lauf – gleich sind wir frei!"

1. August: „Immer mehr Flüchtlinge aus der ‚DDR' über Ungarn"

7. August: „DDR: 1 Million will raus" / „Aus mit Ungarn-Reisen?"

9. August: „Ost-Berlin, Budapest: Hilft uns denn keiner?", „Ungarn: In die Freiheit / Mit dem D 222 in das neue Leben"

11. August: „DDR: Schon 1600 kamen über Ungarn"

12. August: „Ungarischer Offizier: Ich lasse alle Deutschen raus!"

14. August: „Verzweiflung in der DDR: Nur raus, raus, raus!"

15. August: „BILD-Soforthilfe in Budapest – ein Hotel wurde aufgekauft"

16. August: „Die Verzweifelten von Budapest"

18. August: „Herr Kohl, holen Sie uns raus!"

19. August: „Montag von BILD betreut! Jetzt Flucht bei Vollmond", „Ostexperte Prof. Seiffert: Wenn 500000 Junge gehen, ist die DDR ruiniert!"

21. August: „900 aus Ungarn raus / Frei! / Sie küßten die Erde", „Die unglaubliche Massenflucht. Sie gehen der Freiheit entgegen"

Zwischen Bonn und Budapest sind die Weichen für das Geschehen im ungarischen Sopron gestellt worden.

Der Kaiserenkel Otto von Habsburg, ein eifriger Christdemokrat, initiierte mit seiner „Pan-Europa-Union" ein Picknick an der ungarischen Grenze. Die Einladungen werden vorher an DDR-Urlauber in Ungarn verteilt. Sie enthalten auch die Wegskizze für den risikolosen Grenzübertritt.

Das Fernsehen schildert: „Mit leichtem Gepäck gingen die DDR-Bürger auf Wanderung in die Freiheit. Man schätzt zwischen 200 und 500. Beim Festplatz konnte sich jeder ein Stück Stacheldraht aus dem überlebten Eisernen Vorhang schneiden. Man feierte bei Wein und Bier die Rückkehr Ungarns ins freie Mitteleuropa."

Kanzler Kohl bedankt sich in Budapest. Der ungarische Außenminister erhält eine Kreditzusage und später das Bundesverdienstkreuz. Und die Medien legen nach.

SOMMER 1989
Medien heizen ein

Die Massenflucht über Ungarn sowie durch Botschaftsbesetzungen erzwungenen Ausreisen verschärfen die innenpolitische Krise der DDR. Rundfunk- und Fernsehstationen in der Bundesrepublik forcieren durch ihre Berichterstattung die Absetzbewegung. Die Staatskrise der DDR ist aus eigener Kraft nicht mehr zu bewältigen, doch Moskau hält sich zurück. Der Wechsel an der Spitze, am 18. und 24. Oktober vollzogen, verstärkt die Krise eher noch.

9. NOVEMBER 1989
Versprecher (?) mit Folgen

Auf einer internationalen Pressekonferenz erklärt Politbüromitglied Günter Schabowski auf Nachfrage zu einem neuen Reisegesetz, daß dieses „ab sofort" gelte. Daraufhin kommt es zu Aufläufen vor Grenzübergangsstellen. Die unvorbereiteten Grenzsoldaten heben die Schlagbäume. „Die Mauer" ist offen. Das unkontrollierte Ausbluten der DDR beginnt. Das Ende der DDR ist besiegelt.

24. NOVEMBER 1989
USA spionieren vor DDR-Kasernen

Die Spionageabwehr des MfS stellt der Öffentlichkeit erstmals ein komplexes satellitengestütztes System des amerikanischen Geheimdienstes zur Überwachung und Kontrolle von Bewegungen an militärischen Objekten der Öffentlichkeit vor, das bei Frankfurt/Oder aufgespürt worden ist.

Seit Ende der 70er Jahre werden derartige hochmoderne

technische Spionage-Aufklärungssysteme des Westens eingesetzt, ohne daß diese zu jener Zeit bereits auf dem Territorium der DDR im Rahmen der Spionageabwehr erkannt werden konnten. Erstmals wurde in der zweiten Hälfte der 80er Jahre ein solches Gerät in der Nähe eines wichtigen militärischen Objektes im Raum Leipzig festgestellt. Es war im Boden versteckt, und nur ein Teil befand sich als Ast getarnt über der Erdoberfläche.

In Auswertung dieser Spionageaktivitäten und weiterer gezielter Aufklärungs- und Abwehrmaßnahmen, vor allem auch durch die für die Funkabwehr zuständige HA III, stellt die Spionageabwehr des MfS am 24. November 1989 ein zweites Gerät fest. Die mittels Sensoren erfaßten und in einer im Erdreich versteckten Sonde gespeicherten Informationen konnten von militärischen Aufklärungssatelliten abgerufen werden.

Das System war an der Zufahrtsstraße zu einem Munitionslager der NVA-Luftstreitkräfte/Luftverteidigung bei Schneeberg (Frankfurt/Oder) „installiert".

Noch im Januar 1990 wird ein weiteres Aufklärungssystem im Beisein von Medienvertretern in Ebersbrunn (bei Zwickau) ausgehoben. Es ist nahe der Zufahrtsstraße zu einem Objekt der Landstreitkräfte der NVA „stationiert". In diesem Objekt ist die komplette Technik einer Panzerdivision (Reserve) eingelagert, die in einer militärischen Spannungsperiode bzw. im Verteidigungszustand mobil gemacht werden soll.

Diese Aufklärungssysteme registrieren an den Zufahrtstraßen Bewegungen, die von Fahrzeugen aller Art oder größeren Personengruppen hervorgerufen werden. Diese Informationen werden vor Ort gespeichert und zu programmierten Zeiten an einen Satelliten gesendet. Bei der Aufdeckung des letztgenannten Spionagesystems beträgt der Übertragungsrhythmus 8 Tage. In Spannungssituationen bzw. im Kriegsfall hätten die Spionageinformationen aber auch zu „Echtzeiten", d. h. unmittelbar nach Feststellung, an den Satelliten gesendet werden können.

NOVEMBER 1989
Binnenschiffer als Spion verurteilt

Der BND führt nachweisbar 30 Binnenschiffer, die zwischen dem Bundesgebiet und (West-)Berlin Frachtschiffe steuerten, als Agenten. Es werden nur wenige festgenommen, da die Beweisführung ziemlich schwierig ist. Die von der Funkaufklärung mitgeschnittenen Kontakte zwischen Schiffsführer und Dienststellen des BND galten nicht als Beweismittel.

Der letzte Fall wird im November 1989 vor dem Militärobergericht der DDR verhandelt. Dem Steuermann Peter S. kann nachgewiesen werden, daß er auf seinen Fahrten über Elbe und Havel neun Übungsplätze der NVA und der Sowjettruppen ausgespäht und dafür 11000 DM bekommen hat. Die 7 Jahre Haft, die er dafür erhält, braucht er nicht abzusitzen. Er gehört schon bald zu den „guten Agenten" und den Siegern der Geschichte.

DEZEMBER 1989
Vertreter von 30 Geheimdiensten in der DDR

Auf dem Territorium der DDR arbeiten Ende 1989 nachweisbar mindestens 30 auswärtige Geheimdienste. Neben dem BND, dem Bundesamt für Verfassungsschutz und seinen Landesämtern sowie dem MAD sind dies vornehmlich die Dienste der Amerikaner: CIA, DIA (der Geheimdienst des US-Verteidigungsministeriums), INR (der Dienst des Außenministeriums) und INSCOM (Aufklärungs- und Sicherheitskommando) sowie der britische SIS und der französische Dienst DGSE. Zugegen sind auch der israelische Mossad mit einer Dienststelle in (West-)Berlin. Aktiv sind Geheimdienstler aus dem Iran, dem Irak, aus Italien, Griechenland, Spanien, Libyen, Ägypten, Südafrika.

Sie arbeiten gegeneinander und zuweilen miteinander – aber alle gegen die DDR. Seit 1987 haben etliche Geheimdienste in „oppositionellen Gruppierungen" Fuß zu fassen versucht. Vornehmlich Briten und Franzosen sind bemüht, sich in Gremien der evangelischen und der katholischen Kirche zu verankern.

Nach dem Ende der DDR ziehen sich einige Dienste aus

Berlin zurück. Inzwischen sind sie aber alle wieder da. Und nicht nur diese 30.
Berlin hat seinen Ruf als internationales Geheimdienstzentrum wieder zurückerhalten.

15. JANUAR 1990
Westliche Geheimdienste inszenieren den „Sturm auf die Stasi-Zentrale"

Vor der MfS-Zentrale in Berlin findet eine angeblich von Bürgerbewegten organisierte Kundgebung statt. Die Tore in der Normannen- und in der Ruschestraße werden von innen geöffnet, die Demonstranten stürmen hinein und verwüsten Büros und Einrichtungen. Der „Sturm" indes wird von westlichen Geheimdiensten inszeniert, um unbemerkt Akten entwenden zu können. Zielgerichtet werden Unterlagen herausgetragen und umgehend über Ramstein ausgeflogen, um ein Jahrzehnt später als „Rosenholz"-Papiere aus den USA – gesichtet und frisiert – in die Bundesrepublik zurückzukehren.

26. JANUAR 1990
Gorbatschow verschenkt die DDR

Präsident Gorbatschow verständigt sich in kleiner Runde über das weitere Vorgehen in bezug auf die DDR. Im Prinzip kapituliert man vor der Entwicklung und beschließt den Rückzug aus Deutschland.

Über die Verhandlungen zwischen der BRD und der UdSSR, die das Schicksal der DDR besiegelten, schreibt der ehemalige sowjetische Botschafter in der BRD, Valentin Falin, in seinen Memoiren: „Die Berater des Generalsekretärs sind dafür, daß wir die DDR ihrem Schicksal überlassen und uns damit abfinden, daß das vereinigte Deutschland der NATO beitritt; man muß mehr daran denken, das eigene Gesicht zu wahren (...) Zum Besuch Kohls schrieb ich ein energisches Memorandum für Gorbatschow: Dieses Treffen ist die letzte und entscheidende Möglichkeit, unsere Interessen wahrzunehmen (...)
Das Telefon klingelt. ‚Was wolltest du mir sagen?'

‚In Ergänzung zu meinem Memorandum halte ich es für meine Pflicht, Ihre Aufmerksamkeit ganz besonders auf drei Momente zu lenken: (...) Man will uns den Anschluß aufhalsen. Das wird unerfreuliche Folgen haben. Alle moralischen und politischen Kosten werden auf die Sowjetunion und ihre Kreatur, die DDR, abgewälzt. Die Übertragung der Rechtsnormen eines Staates auf einen fremden macht alles illegal, was in der DDR sich im Laufe von 40 Jahren vollzogen hat. Dadurch werden einige hunderttausend Menschen potentiell zu Angeklagten.‘
‚Verstanden, weiter.‘
(...) Gorbatschow stellte noch einige präzisierende Fragen (...) und schloß: ‚Ich werde tun, was ich kann. Nur fürchte ich, daß der Zug bereits abgefahren ist.‘ (...)
Abgesehen vom Inhalt der Vereinbarungen von Archys im Nordkaukasus, zu denen man in der Zeitgeschichte lange nach einer Parallele suchen wird, war die Behandlung eines der kompliziertesten Friedensprobleme äußerst anfechtbar und in der Ausführung anstößig. Entschieden wurde für und in der Abwesenheit der DDR, die unser Bündnispartner gewesen war. Man hatte sich nicht einmal die Mühe gemacht, die DDR-Vertreter einzuladen oder sie zu fragen. Die Warschauer Vertragspartner waren nicht konsultiert worden. Die Viermächteverantwortung wurde übergangen (...)
Unter welchem Blickwinkel man die Handlungen von Gorbatschow und Schewardnadse auch betrachtet, sie halten keiner Kritik stand, weder vom Gesichtspunkt der Gesetzlichkeit aus noch von dem der Einhaltung der eingegangenen Verpflichtungen, noch von dem der elementaren Pflichten.
Bei meiner letzten Begegnung mit Willy Brandt im Frühjahr 1992 erzählte er mir: ‚Als die Honecker-Affäre anfing, fragte ich Helmut Kohl, ob in Archys das Thema der Nichtverfolgung der ehemaligen Führer des souveränen Staates DDR zur Sprache gekommen sei. Der Bundeskanzler, so seine Worte, hat Gorbatschow vorgeschlagen, den Personenkreis zu benennen, gegen den keine strafrechtlichen Verfahren eingeleitet werden sollen. Doch der sowjetische

Präsident erwiderte, die Deutschen würden schon selbst mit diesem Problem fertig." Im ersten Augenblick des Treffens in Archys stockte Kohl und Genscher wohl der Atem. Sie blickten betreten auf den Präsidenten der UdSSR: Hatte er einen Witz gemacht? Doch nachdem sich herausstellte, daß Gorbatschow und sein Minister sich ernsthaft in politischem Masochismus ergingen, war eher zu klären, ob hier nicht Danaergeschenke dargereicht würden (...) Nicht einmal unter Stalin hatte das so funktioniert (...) Fände sich (...) jemand, der etwa laut sagen würde, daß in Archys Berijas Pläne verwirklicht worden sind, der schon 1953 die DDR aufgeben wollte (allerdings zu erheblich besseren Bedingungen), das Vertragspaket würde aufs Schafott gebracht mitsamt seinen Autoren."

7. FEBRUAR 1990
Grundlagenvertrag geschlossen
Die Bundesregierung setzt einen Ausschuß „Deutsche Einheit" unter Leitung von Helmut Kohl ein. Der Ausschuß plant entgegen der Stellungnahme von Bundesbankpräsident Karl Otto Pöhl die Wirtschafts- und Währungsunion. Am 12. Februar führt die DDR-Regierung an, von diesem Vorhaben bisher lediglich aus der Presse erfahren zu haben.

1. JULI 1990
Einführung der Westmark
Im Februar von der SPD angeregt, tritt am 1. Juli die Währungs-, Wirtschafts- und Sozialunion in Kraft. Ab sofort ist in der DDR die D-Mark offizielles Zahlungsmittel. Nicht nur de facto, sondern nunmehr auch de jure wird die Währungs- und Wirtschaftspolitik der DDR außerhalb der Staatsgrenze, im Westen, gemacht.

JULI 1990
Die Pleitelüge oder: War die DDR zum Zeitpunkt ihres ökonomischen Anschlusses an die BRD wirtschaftlich am Ende?
Eines der gezielt lancierten und am weitesten verbreiteten

Klischees des Anschlusses der DDR an die BRD bestand und besteht immer noch in der Behauptung, daß die DDR 1989 wirtschaftlich am Ende, daß sie „pleite" gewesen sei. Die Indikatoren einer solchen Pleite sind – auch nach vergleichbaren, länger zurückliegenden und ganz aktuellen Entwicklungen in der Weltwirtschaft offensichtlich folgende:
– die Zahlungsverpflichtungen einer Volkswirtschaft, eines Staates können gegenüber internationalen Gläubigern nicht mehr erfüllt werden (z.B. Mexiko, Indonesien, Südostasien, Türkei, Brasilien, Argentinien zu verschiedenen Zeitpunkten)
– Löhne, Gehälter, Sozialleistungen im Inneren eines Landes können nicht mehr gewährleistet werden (z.B. Rußland, Staaten der GUS, Argentinien)
– langanhaltende Stagnation oder starker Rückgang der Leistungsfähigkeit einer Volkswirtschaft, die zum ökonomischen Kollaps führt.
Keiner dieser Indikatoren traf 1989 auf die DDR zu. Die DDR konnte bis zur letzten Stunde ihrer selbständigen ökonomischen Existenz alle Rechnungen bezahlen und alle ihre Zahlungsverpflichtungen im Inneren wie im Ausland bezahlen.
Die nachprüfbaren Unterlagen über die sogenannte „Westverschuldung" zeigen folgendes Bild:
– In der „Analyse der ökonomischen Lage der DDR mit Schlußfolgerungen", die dem von Krenz geleiteten Politbüro der SED im Oktober 1989 von einer Reihe leitender Wirtschaftsfunktionäre vorgelegt wurde, waren Verbindlichkeiten gegenüber dem sogenannten nichtsozialistischen Wirtschaftsgebiet (NSW) in Höhe von rd. 49 Mrd. Valutamark angegeben. Dabei handelte es sich um den Ausweis der Verschuldung gemäß der Gesetzeslage der DDR; d. h. es waren darin nicht die Aktivitäten, Guthaben und Reserven des sogenannten Bereiches Kommerzielle Koordinierung unter Leitung von Schalck enthalten, der als „Devisenausländer" mit Zugriff auf die Ressourcen der DDR-Wirtschaft behandelt wurde.
– Unter dem Druck der Ereignisse und der sich zuspitzen-

den Situation hinsichtlich der Rolle des Bereiches Kommerzielle Koordinierung informierten Schalck und die dafür zuständige stellvertretende Finanzministerin König den neuen Ministerpräsidenten Modrow in einem gemeinsamen Schreiben über die Guthaben dieses Bereiches. Dadurch reduzierte sich der Ausweis der NSW-Verschuldung der DDR im November 1989, dargelegt in der Volkskammer, auf 38 Mrd. VM
– Im Monatsbericht der Deutschen Bank vom Juli 1990, dem Zeitpunkt der Inkraftsetzung der Währungsunion, wurde die zu diesem Termin erfaßte Verschuldung mit 24,7 Mrd. VM oder 14,8 Mrd. $ angegeben, die in die Berechnung des sogenannten „Erblastenfonds" eingingen.

Bemerkenswert und weitgehend unbeachtet geblieben sind die Angaben im offiziellen Abschlußbericht der Deutschen Bundesbank vom August 1999 „Die Zahlungsbilanz der ehemaligem DDR 1975 bis 1989". Dort heißt es auf Seite 58: „(...) daß es den Verantwortlichen in der DDR nach dem Beginn der achtziger Jahre relativ schnell gelungen ist, ein respektables Liquiditätspolster aufzubauen (*hauptsächlich aufgrund des Heizölprogramms und des dadurch möglichen Exports von Erdölprodukten - der Autor*). Ende 1981 betrugen die Forderungen gegenüber dem NSW noch 3,2 Mrd VM, bis Ende 1985 waren sie auf 30,2 Mrd. VM angewachsen. (...) In der zweiten Hälfte des vergangenen Jahrzehnts konnten die Liquiditätsreserven nicht ganz auf dem hohen Niveau des Jahres 1985 gehalten werden. Aber Ende 1989 lagen sie immer noch bei 29 Mrd. und deckten 59,3 % der Verschuldung ab. Das Verhältnis der Auslandsaktiva zu den Importen belief sich auf 158 %, das heißt sie entsprachen den Einfuhren von 1 1/2 Jahren."
Klarer und offizieller kann man das Klischee, ja die böswillige und immer wieder gepflegte Lüge von der „Pleite" der DDR gegenüber westlichen Valutaländern nicht widerlegen.
In diesem Bericht wird die endgültige Nettoverschuldung der DDR 1989 mit 19,9 Mrd VM ausgewiesen, was einer Dollargröße von 10 bis 11 Mrd. $ entspricht. Wenn man

dies mit der vom Internationalen Währungsfonds behandelten und gestützten Verschuldung der Türkei in Höhe von etwa 40 Mrd. $ sowie Argentiniens in Höhe von etwa 140 Mrd. $ vergleicht, dann wird die ganze Haltlosigkeit und der politische Zweck dieser Verleumdung besonders deutlich.

Es kommt hinzu, daß in diesem gleichen Bericht der Bundesbank auf Seite 36 ein Aktivsaldo der DDR gegenüber den sozialistischen Länder in vergleichbaren VM in Höhe von rd. 6,1 Mrd VM ausgewiesen wird, deren Gläubiger heute die BRD ist. Daß die auf dem kürzlich in Weimar stattgefundenen deutsch-russischen Gipfel vertraglich vereinbarte Zahlung durch Rußland in Höhe von 500 Mio. VM niedrig ausgefallen ist, hat offensichtlich vor allem etwas damit zu tun, daß das heutige Rußland in absehbarer Zeit generell nicht zahlungsfähig ist – und daß sich auf DDR-Forderungen, die der BRD zugefallen sind, eben leicht verzichten läßt.

Das Gewicht des Warenhandels der DDR mit der BRD für den Zeitraum 1975 bis 1989 weist der Bericht der Bundesbank folgendermaßen aus:

Jahr	EXPORT NSW* ges.	davon BRD	IMPORT NSW ges.	davon BRD	Saldo der Handelsbilanz BRD
1975	7.692	3.114	10.447	3.327	./. 213
1980	12.621	5.223	15.385	4.856	+ 367
1981	15.289	5.790	14.917	5.165	+ 625
1985	22.486	7.520	19.460	7.251	+ 269
1988	14.996	6.396	17.901	5.757	+ 639
1989	16.299	6.670	19.173	6.388	+ 282

* NSW: nichtsozialistisches Wirtschaftsgebiet

7. SEPTEMBER 1990:
SPD kippt im Bundesrat Gesetz über die Straffreiheit bei Straftaten des Landesverrats

Die Bonner Regierungskoalition aus CDU/CSU und FDP versucht wenige Wochen vor der Herstellung der deutschen Einheit zumindest „für die typischen Taten der

Angehörigen der Auslandsnachrichtendienste der Deutschen Demokratischen Republik und ihrer Agenten" Straffreiheit durchzusetzen. Das Gesetz scheitert im Bundesrat an der SPD-Mehrheit. Begründung: „Der Gesetzentwurf ist unausgereift und sollte derzeit nicht weiter verfolgt werden."

Statt dessen sollen bald die Staatsdiener der DDR verfolgt werden, indem Gesetze der Bundesrepublik rückwirkend auf sie angewandt werden, obgleich doch das bundesdeutsche Strafrecht erst ab dem 3. Oktober 1990 für Ostdeutsche gilt. Artikel 315, Absatz 1 bis 3, des Einführungsgesetzes zum Strafgesetzbuch (EGStGB), das Bestandteil des Einigungsvertrages und Bundesgesetz ist, bekommt auf Drängen Bonns noch einen 4. Absatz, der das sogenannte Rückwirkungsverbot aufhebt: „Die Absätze 1 bis 3 finden keine Anwendung, soweit für die Taten das Strafrecht der Bundesrepublik schon vor Wirksamwerden des Beitritts gegolten hat."

Neueste Zahlen (vgl. S. Prokop in Freitag, 22.6.01) sagen aus: Bis heute fanden „etwa 86000 Ermittlungsverfahren mit 100000 Beschuldigten statt. 800 Personen wurden dabei rechtskräftig verurteilt (...) im Zusammenhang mit dem Grenzregime (kam es) zu über 200 Gerichtsverfahren wegen Mord und Totschlag, in deren Ergebnis gegen mehr als 150 Personen Strafen verhängt worden sind (mehrheitlich Freiheitsstrafen auf Bewährung, in 30 Fällen Strafen von bis zu zehn Jahren). Weil diese Delikte am 2. Oktober 2000 nicht verjährten, laufen derzeit weitere Ermittlungs- und Gerichtsverfahren gegen einstige Angehörige der DDR-Grenztruppen. – Wegen des Verdachts von Spionage- und Landesverratsdelikten auf der Grundlage des Strafgesetzbuches der Bundesrepublik Deutschland gab es etwa 7000 Ermittlungsverfahren. Hunderte von Haftbefehlen wurden in diesen Verfahren vollstreckt und unter dem Vorwurf der Spionage für die DDR bisher über 300 Personen zu Freiheitsstrafen von bis zu zwölf Jahren verurteilt. Betroffene wurden nicht selten an den Rand ihrer Existenz gedrängt. Im Raum Dresden finden derzeit Prozesse gegen Personen statt, deren Grundstückskäufe allein deshalb ungültig sein sollen, weil sie beim Kauf nicht auf ihre IM-Vergangenheit hingewiesen hatten (...) – Ehemalige Richter, Staatsanwälte und Schöffen der DDR waren und sind Gegenstand von über 30000 Ermittlungsverfahren. Die Zahl der betroffenen Personen geht in die 10000. Fast ausschließlich zu Freiheitsstrafen auf Bewährung wurden etwa 150 Personen verurteilt. Ein Dutzend Verfahren ist weiter gerichtsanhängig, da die erstinstanzlichen Urteile noch nicht rechtskräftig sind."

2. OKTOBER 1990
Die DDR hört auf zu existieren

24 Uhr gehen die Lichter aus, der erste sozialistische Staat auf deutschem Boden verabschiedet sich aus der Geschichte. Der Kampf des Westens war erfolgreich, der Ostteil des Landes, die Irredenta, kehrt in den kapitalistischen Schoß des Mutterlandes zurück. Man beginnt mit dem Aufräumen: Wiederherstellung der alten Besitzverhältnisse, Etablierung neuer politischer Strukturen, Tilgung und Änderung der Gesetze, Auswechseln der Eliten, politisch-juristische Verfolgung der Verantwortlichen, Delegitimierung und Denunziation des liquidierten Staates in allen Bereichen ...

Der Kreuzzug gegen die DDR geht weiter.

Die Eintragungen zu folgenden Daten beruhen teilweise oder ganz auf Daten und Passagen des Buchs „Chronik des Kreuzzugs gegen die DDR" von Knut Holm, Spotless-Verlag 2001, oder sind mit ihnen aus objektiven Gründen identisch:
1949 (20.5., 30.5., Juli, 15.7., 9.9., 20.9., 6.11.); 1950 (23.1., Februar, 16.8., 15.10.); 1951 (11.7., Oktober, 7.11.); 1952 (26.5., 2.9., 23.10., Oktober, 16.12.); 1953 (15.1., 21.3., 28.3., 25.4.); 1954 (5.1., 7.9.); 1955 (14.1., 28.1.); 1957 (10.10.); 1958 (20.5., 23.6.); 1959 (Juni, Oktober); 1960 (13.4., 31.5., 27.6., 30.9.); 1961 (14.2., 17.8., 18.8., 26.8.); 1962 (November); 1963 (9.12.); 1964 (21.2., 10.3., 19.9.); 1965 (30.10.); 1967 (30.3., 11.4.); 1971 (26.4.); 1972 (21.12.); 1975 (18.4.); 1977 (2.7., 23.11.); 1979 (15.2.); 1980 (19.7.); 1981 (14.10.); 1983 (September); 1984 (20.3.); 1986 (16.4.); 1987 (27.11.)

ISBN-10: 3-360-01039-6
ISBN-13: 978-3-360-01039-1

3. Auflage
© 2006 (2002) Das Neue Berlin Verlagsgesellschaft mbH
Neue Grünstraße 18, 10179 Berlin
Umschlagentwurf: Peperoni Werbeagentur, Berlin
Druck und Bindung: Salzland Druck, Staßfurt

Die Bücher des Verlags Das Neue Berlin und der edition ost erscheinen in der Eulenspiegel Verlagsgruppe.
www.edition-ost.de